노동

노동

유럽 정신사의 기본 개념 3

지은이 만프레트 퓔사크 | 옮긴이 윤도현 | 처음 찍은 날 2014년 10월 29일 | 처음 펴낸 날 2014년 11월 5일 | 펴낸곳 이론과실천 | 펴낸이 김인미 | 등록 제10-1291호 | 주소 (121-842) 서울시 마포구 잔다리로 71 (서교동, 아내뜨빌딩) 503호 | 전화 02-714-9800 | 팩스 02-702-6655

Arbeit (Grundbegriffe der europäischen Geistesgeschichte, 10 vol)
edited by Konrad Paul Liessmann

ISBN 978-89-313-6057-8 04160
978-89-313-6054-7 (전10권)

*값 9,800원
*잘못된 책은 바꿔 드립니다.

유럽 정신사의 기본 개념

03

노동

Arbeit

콘라트 파울 리스만 편저

만프레트 필사크 지음 | 윤도현 옮김

이론과실천

일러두기

1. 각각의 인용문 뒤에는 원저에 관한 정보가 있다. 예) (플라톤 1991a, 202) 맨 뒤 참고 문헌에서 괄호 안의 저자와 해당 연도를 찾으면 자세한 책 정보를 확인할 수 있다.
2. 단어에 대한 이해를 돕고자 설명이 필요한 곳에 * 표기를 하고 옮긴이 주를 두었다.

차례

왜 노동인가?

노동을 구성하는 본질적인 것들

●

노동을 구성하는 본질적인 것들

이 책은 인간 노동의 역사적 발전과 개념적 파악에 대한 전반적 이해를 제공하고자 한다. 따라서 노동학적, 사회과학적 연구의 성과 그리고 노동이 처한 상황에 대한 현재의 중요한 쟁점을 담아내고자 하였다. 우리가 다루게 될 주제들은 현시대의 노동세계에서 가장 중요하고 뜨거운 논쟁들의 특징 그리고 문제들의 근원이 어디서 시작되었으며 이후 어떻게 다루어져 왔는가를 이해하기 위한 기본지식을 제공하기 위해 선별한 것이다.

많은 노동학적 탐구에서 현재 중심적인 주제는 *변동*, 즉 노동이 어떤 변화를 겪어왔으며 또 그 변화가 노동하는 사람들에게 어떤 부담을 주었는지에 관한 것이다. 오늘날 노동은 그 모습을 계속해서 변화시키면서, 반복되는 구직, '평생 학습'처럼 끊임없는 재적응 그리고 어떤 특정한 노동과 노동력 자질이 지속적으로 사회적 중요성과 수요를 누릴 수 있는가에 대한 고민을 요구하고 있다. 따라서 노동은 많은 사람들에게 커다란 문제가 되고 있는데, 이 문제를 해결하기 위해서 얼마나 많은 노동이 준비되어야 하는가를 감안한다면 그 심각성을 알 수 있다. 이와 관련한 노동학적, 사회과학적 인식에 접목하여 이 책은 특히 *'노동이 노동을 변화시키는* 동

력'을 찾아내고 그 역사적 기원을 설명하고자 한다. 그러므로 이 책은 특히 인간 노동의 역사적 측면 그리고 부분적으로는 현재적, 미래예측적 측면에 집중하려 하는데, 이것들은 노동시장, 경제 또는 직업세계에서의 현재적 발전과 변화를 이해하는 데 필수불가결한 것으로 간주되고 있다. 이 책은 학생들과 관심 있는 독자들을 위한 것이다. 이 책이 그들에게 노동이라는 현상을 나름대로 깊이 생각해보고 계속해서 연구할 수 있는 토대가 되기를 바란다.

첫 번째 개념 규정

노동의 역사적 변동에 대해 관심을 둘 경우, 노동은 일단 아주 일반적으로 다음과 같은 활동으로 규정되는 경향이 있다. 즉 노동은 세상에서 어떤 특정한 상태 또는 주어진 조건을 *만족스럽지 못하거나 결핍된 것으로* 경험할 경우 또는 우리들에게 중요하다고 생각되는 자원들이 매우 부족할 때 행해지는 활동으로 여겨진다. 우리는 배가 고프면 먹을 것을 얻기 위해 노동을 한다. 추위를 느끼면, 옷이나 주거지를 만들기 위해 노동을 한다. 이동성에 장애가 있다고 생각하거나 너무 먼 거리를 문제로 느끼면, 추진체를 만들거나 동물을 길들인다. 우리들의 지식이 빈곤하다고 생각하면, 교육과 학문 영역에서 노동을 한다. 그리고 우리들의 실존이 따분하고 만족스럽지 못하게 느껴지면, 보다 즐길 수 있기 위해, 여가시간을 만족스럽게 보낼 수 있도록, 아니면 우리들의 삶 전반에 의미를 부여하기 위해 노동을 한다. 따라서 우리는 우리가 바람직하다고 생각하는 방향으로 우리들의 세계와 실존을 만들어나가기 위해 노동한다고 말할 수 있다. 우리는 노동하면서 우리들의 세계를 만들어간다.

인간 노동의 역사, 즉 이러한 세계 형성의 역사를 단지 대충 되돌아보기만 해도 얼마나 많은 노력과 절제 그리고 희생이 그 속에 녹아들어 있는지 단번에 알 수 있다. 하지만 다른 한편으로 우리는 지금까지의 세계의 형성 또는 적어도 세계의 변화는 아주 효과적으로—좋은 방향으로든, 나쁜 방향으로든—성공해왔다고 나름 주장할 수도 있다. 분명히 우리는 많은 수고 속에서 노동을 하지만, 동시에 놀랄 만한 효율성을 가지고 노동을 한다. 이는 놀라운 사실일 수 있으나, 바로 이 노동효율성 속에 오늘날까지 우리의 노동에서 연유하는 많은 문제들의 핵심이 들어 있다. 다시 말해 우리가 효율적으로 노동할 수 있다는 사실은 언제나 우리들의 노동생산물을 즉석에서 그리고 완전히 *소비*할 수는 없다는 것을 의미한다. 우리들의 노동생산물 중 많은 것들은 계속 남아 있으면서 *불변의 가치*를 가지며, 따라서 업적, 성과물로서 자리 잡게 된다. 예를 들어 후속 세대들이 계속 사용할 수 있는 주택양식, 또는 노동의 효율성을 증대시키는 데 다시 기여할 수 있는 노동도구들이 그러하다. 이러한 노동생산물은 아주 일반적으로 이른바 *문화적 자산*이라고까지 말할 수 있다. 불, 바퀴, 쟁기, 언어, 문자, 컴퓨터 등등처럼, 이것들은 후속 세대들이 노동을 하는 데 있어 아주 중요한 전제조건이 된다.

그런데 노동의 이러한 양면성—즉 한편으로는 수고를 요구하고, 다른 한편으로는 불변의 가치를 창출하는 것—은 어원학적으로 노동에 대한 일련의 표현들 속에 그대로 반영되어 있다. 예를 들어 그리스인들은 '수고'의 측면을 ponos라 불렀고, 업적이나 성과를 ergon이라 칭했다. 로마인들은 노예들이 짐을 지고 뒤뚱거리는 모습을 laborare라고 표현했는데, 이것은—쉽게 알아차릴 수 있듯이—영어의 labour 또는 이탈리아어 lavoro의 어원이 되었다. 그들은 또 노예들과 노동을 제대로 하지 않는 자들을 고문하거나 벌을 줄 때 사용했던 일종의 멍에를 tripalium이라고 표현했는데, 이는 프랑스어의 travail(노동) 그리고 스페인어의 trabajo(노동)의 어원이 되었다. 이에 반해서 업적이라는 것은 라틴어로 opera라고 표현되었는데, 이것은 나중에 프랑스어의 oeuvre*가 되었고, 18세기에는 어느 정도 왜곡되어서 ouvriers와 laboureurs**을 구분하는 데도 사용되었다. 마찬가지로 무언가를 산출해내는 것을 라틴어에서는 facere 그리고 faber 같은 개념으로 표현했는데, 이것들로부터 한편에서는 Faktum(사실), Gemachte(만들어진 것)라는 말이 생겨났고 그리고 다른 한편으로는—쉽게 알아차릴 수 있듯이—Fabrik(공장) 또는 Fabrikation(제조)라는 말이 생겨났다. 더구나 영국인들은 오늘날에도 labour와 work***의 차이를 알고 있다.

* 제작, 창작품이라는 뜻

** ouvriers는 창의적, 자발적 노동자, laboureurs는 수동적, 단순 노동자라는 뜻을 갖는다.

*** labour는 수동적, 고통적 노동, work는 자발적, 창의적 노동이라는 뜻을 갖는다.

노동의 목표와 목적

노동의 창조적 측면, 즉 무언가를 산출해내는 측면에 주목하여 인간 노동을 정의할 때는 노동이 목표 지향적이고, 의도적이며 일반적으로 사전에 *계획된* 과정이라는 점을 중시한다. 이 점과 관련하여 칼 마르크스는 꿀벌의 벌집을 건축가의 건축물과 비교하면서 다음과 같이 주장하였다. 가장 실력이 없는 건축가조차도 꿀벌보다 뛰어난 이유는, 건축물을 짓기 전에 머릿속에 먼저 구상을 한다는 점, 즉 계획을 미리 세운다는 것이다. 또 칼 포퍼 역시 아메바의 활동과 학자의 활동을 비교하면서 단순한 유기체의 노동과정은 맹목적인 시행과 착오의 연속과정인 데 반해, 인간의 노동과정은 분명히 목표 지향적이라고 강조하였다.

수많은 세대에 걸쳐 사상가들과 철학자들은 *목적론*의 근거, 즉 인간의 창조력이 어떤 목적 지향성과 목표 지향성을 가지고 있는가를 규명하기 위해 노력해왔다. 따라서 인간이 노동하는 이유는 '신의 뜻'이라는 설명에서부터 계몽과 이성을 지향하는 내재적 경향이 있다는 설명을 거쳐, 모든 생명체는 '활력적으로' 생명의 불꽃을 발산한다는 '천지창조설'에 이르기까지 매우 다양한 설명들이 존재한다. 그런데 노동이 소비재뿐만 아니라, 후속 세대가 노동하는 데 있어 토대가 되는, 즉 지금의 '세계'를 변화시키는 데 필요한, 지속성이 긴 생산물들도 산출해낸다는 사실에 주목한다면, 우리 노동이 가지는 목표 설정과 목적은 '내부로부터 생겨난다'고 생각할 수 있다. 즉 그것들은 *노동의 과정 속에서 생겨난 것*으로 파악할 수 있다. 이와 관련하여 칼 마르크스는 노동은 인간 생활의 재생산을 위한 전제조건을 만들어낼 뿐만 아니라, 동시에 노동이 행해지는 인식론적 그리고 사회적 환경들을 만들어낸다는 사실을 항상 강조하였다. 그러므로 인간 노동의 목표와 목적은 우리 앞의 수많은 세대들의 노동과정 속에서 만들어졌고, 그들은 비록 우리가 항상 의식하지는 못하지만 이미 말 그대로 *일정한 틀을 제시하면서* 우리의 세계를 형성하는 데 영향을 미쳤다고 생각할 수 있다. 그런데 앞 세대들의 이러한 업적은 무엇보다 *일정한 기준*을 만드는데, 이것을 가지고 우리는 우리의 노동을 대하게 된다. 이미 일종의 '이성적' 세계, '더 나은' 세계에 대한 구체적 구상처럼, 우리가 세계를 우리의 생각에 따라 만들어나가는 것이 이성적이라고 간주하는 상황 자체가 우리 노동의 산물이다. 그리고 오늘날 우리가 가끔씩 더 이상 그렇게 많이 일해서는 안 된다는 생각—우리가 개인적으로 좀 쉬겠다는 이유이든, 아니면 자연자원에 대한 지나친 남용이 큰 문제라는 것을 경험했든 간에—을 한다면, 이러한 생각 역시 우리 앞 세대의 노력이 있었기에 가능한 것이다. 왜냐하면 그들은 바로 *그들의* 노동으로 오늘날 우리가 노동할 수 있는 여건—현대 여가사회의 조건 같은 것들—을 만들어주었기 때문이다.

노동이 고통을 주는 것만이 아니라, 불변의 가치들도 만들어낸다는 사실은 계속해서 중요한 의미를—특히 노동 그 자체를 위해—지닌다. 후속 세대들은 선조들이 *먼저 행했던 노동*을 반복하는 수고를 *절약한다.* 예를 들어 그들은 바퀴를 처음부터 항상 새로이 발명할 필요가 없다. 따라서 종종 '자본' 개념으로 파악되어왔던 이러한 절약을 기반으로 후속 세대는 현재 중요한, '살아 있는' 자신의 노동에 집중 투자하고 그럼으로써 세상을 효율적으로 새롭게 만들어나갈 기회를 제고할 수 있다.

이러한 후속 세대가 만드는 세상은 물론 앞선 세대들의 세상과는 또 *다른* 세상이다. 선조들이 만들기는 했으나 소비하지 못했던 노동생산물들은 후속 세대들에게 있어서 자신들의 노동의 출발점, 즉 현재 상황status quo이 되는데 그들은 이에 근거하여 어떤 궁핍들을 해결해야 하는가를 분명히 알게 된다. 만약에 선조들이 추위로 고통을 겪었다면, 이제는 불의 '획득', 또는 마른 연료들을 구하는 것이 중요한 과제가 될 것이다. 과거의 선조들이 이동하는 데 커다란 장애를 겪었다면, 그로 인해 자동차의 개발, 휘발유 등 연료의 보급이 이루어졌고, 나아가 이러한 것들은 다시 유해한 배기가스, 대도시의 주차난 등의 새로운 문제를 야기하게 되었다. 간단히 말해 노동을 통해 불만족스러운 상황이나 궁핍을 해결하려는 우리들의 시도는 종종 매우 놀라울 만큼 효율적이지만, 항상 *또 다른* 불만족스러운 측면이나 궁핍이 생겨나는 *새로운 상황들*을 만들어내기도 한다. 따라서 노동은—현재의 정치적 논의에서는 생소하게 생각할 수 있지만—그렇게 절반의 성공만을 거두기 때문에, 항상 *필연적으로* 그리고 *불가피하게* 추가적인 노동을 필요로 한다. 즉 *노동이 노동을 만드는 것이다.* 그리고 이는 우리가 곧 보게 되듯이, 여러 측면에서 그렇다.

현재의 주요 쟁점

위와 같은 주장은 물론 근대 사회에서 노동이 생겨났다고 하는, 많이 논의된 명제—즉 한나 아렌트*가 염세주의적으로 말했듯이 노동은 근대 사회가 잘 알고 있는 유일한 활동이라는 명제—와 정면으로 대립된다. 하지만 우리는 이 문제를 살펴보면서 이 명제가 오직 하나의 특수한, 즉 유의미하다고 간주된 노동 형태의 시각에서만 정당화되는 것처럼 보인다는 사실을 알게 된다. 만약에 예를 들어 공업노동과 그와 관련된 친숙한 것들—무엇보다 금전적 대가를 지불하는 노동—만이 본래의 가장 중요한 노동 종류라고 간주된다면, 노동이 자신의 고유한 조건들을 끊임없이 변화시키고, 그럼으로써 다른 노동 종류를 새로이 중요하게 만드는 상황은 친숙한 것들의 상실로 간주될 수밖에 없다. 하지만 이와 반대로 여기에서처럼 노동 개념을 넓게 이해한다면, 즉 공업노동이나 취업노동 뿐만 아니라 다른 노동들도 포함시킨다면, 우리의 노동과 관련된 현재의 문제들은 기존의 노동이 우리들에게서 사라진다는 사실이 아니라, 노동이 우리에게 부과하는 변화—그 이유는 우리가 노동을 효율적으로 하고 있기 때문이다—에 대해 우리가 종종 빠르게 제대로 대처하지 못한다는 사실에서 연유한다는 것을 곧 알게 된다.

하지만 우리들의 노동 상황에 관한 많은 중요한 고찰과 토론

* 독일 출신의 정치 이론가. 하이데거와 야스퍼스의 지도를 받았으며 권력의 속성과 정치, 전체주의에 대해 연구하였다.

들은 전적으로 특정한 노동 형태들에 집중되어 있다. 즉 공업노동, 취업노동 또는 임금노동, 농업노동 또는 서비스노동, 기계작업 노동, 조직 노동 또는 파생적 형태들로서 '인간관계 노동', '심리상담 노동', '워크숍 노동', '자연친화적 노동' 또는 '개념 노동' 같은 것들이다. 이러한 규정들은 노동으로 간주되는 것들을 아주 특정한 시각들 내로 좁히고 있다. 어떤 면에서는, 특히 국가 또는 복지국가의 행정에서는 노동을 그렇게 좁게 규정하는 것이 필요하다. 만약에 노동에 대한 이해를 보다 명확하게 규정하지 않는다면, 노동성과와 노동생산물에 대한 과세를 제대로 할 수 없을 것이다. 하지만 무엇보다 역동적이고 분화된 조건들, 즉 오늘날 급속도로 변화하는 노동시장의 수요 또는 세계 여러 지역의 고도로 상이한 노동 조건들을 우리가 경험하고 있는 그러한 상황들에서는 노동을 개념적으로 좁게 규정하는 것은 여러 문제들을 야기한다. 인쇄공 또는 석탄광산 노동자들의 운명이 잘 보여주듯이, 오늘 적법하고 수요가 많은 노동으로 간주된 노동이 내일은 이미 거의 쓸모없는 것이 될 수도 있다. 그리고 유럽에서 사회적 또는 경제적으로 중요하게 보이는 노동이 인도나 중국 또는 아프리카에서는 완전히 불필요한 것일 수도 있다.

한편으로 이 문제는 오늘날 그냥 지나쳐서는 안 된다. 하지만 다른 한편으로 우리는 지금도 무엇을 적법한 노동과 노동생산물로 인정해야 하는가를 시도하고 또 확정짓는 데 더 많은 노력을 기울이고 있는 것 같다. 노동문제를 다루는 데 있어서 *국민경제적 총합산* 통계는 물론이고 사회정책적, 경제정책적 규정은 점점 더 복잡해지고 있다. 오늘날 노동은 가장 강력하게 규제되는 인간 활동의 하나인 것 같다. 또는 다른 식으로 표현하자면 *우리들의 노동은 우리들에게 노동이 되어버렸다.* 우리는 노동을 할 수 있기 위해 상당한 정도로 노동을 하고 있다. 그리고 이미 이러한 상황은 노동이 결코 언제나 모든 사람들에게 만족을 제공하지는 않는다는 사실을 고려할 때, 우리들의 노동에 대해 다른 방식으로 다룰 수 있는 상상력, 그리고 이와 관련된 *심사숙고*와 *사전적 예측*을 필요로 하는 것 같다. 이 책은 바로 이러한 과제에 토대를 제공하고자 한다.

노동의 프로필

제1장

원시시대 – 노동이 아직 노동으로 불리지 못했던 시절

> 이 장은 원시 인류의 노동 형태를 예로 들면서 노동과 관련된 주요 문제들을 이해하는 데 있어 본질적인 기본적 내용들을 설명하고자 한다. 여기서는 노동과 비노동을 구분하거나 구분하지 않는 이유, 필요 이상으로 가지고자 하는, 겉으로 보기에 불가피한 인간 속성의 원인, 노동분업의 형성과 이와 관련된 사회적 질서와 규범적 구조, 즉 소유 형태 같은 것이 어떻게 생겨나게 되었는가에 대해 이야기할 것이다.

노동에 대한 총체적 이해

인간은 자신의 존재를 규정짓는 활동들을 하는데, 그것들이 항상 노동과 비노동으로 나누어지지는 않는다. 특정한 활동들을 노동으로 부르고, 그것들을 엄격하게 '여가'와 분리시키는 것은 근대에 생겨난 관습이다. 물론 오늘날에는 이러한 관습에 모든 사람이 동의하지는 않는다.

우리가 노동이라고 부르는 것들이 초기 인류 시대 또는 유럽인들이 즐겨 단순한 사회라고 말하는 사회에서 따로 구분하기 힘들 정도로 일상 속에 깊이 녹아들어 있었는가는 특히 인류학적 연구들이 잘 보여주고 있다. 예를 들어 브로니슬라브 말리노프스키(1922/1984)는 1920년대에 폴리네시아의 섬주민인 트로브리안드인들이 정원을 경작하는 데 많은 시간을 보낸다고 보고했다. 이 정원 경작을 통해 먹을 것을 얻기도 했지만 동시에 사고야자나무 뿌리 또는 잼 뿌리를 재배하기도 하였다. 이 뿌리들은 오로지 종족 의례에만 사용되었고 결코 먹어치우는 일은 없었다. 동일한 지역에 관한 또 다른 연구에서 레이몬드 퍼스(1939)는 어떤 집단노동에 대해 이야기하고 있는데, 이 노동은 최적의 산출을 목표로 하기에는 너무나 규모가 커서, 노동이 이루어지는 데 구성원들이 오히려 방해가 될 정도였다고 한다. 그럼에도 불구하고 이 집단노동은 규모가 줄어들지 않았는데, 그 이유는 이 노동이 경제적인 이유에서 뿐만 아니라, 동시에 사회적 과제를 충족시키기 위한 이유에서 행해졌기 때문이다. 한편 서아프리카 지역에 관한 연구에서도 일부 의식들—예를 들어 "신을 위해 최면상태로 춤추기" 또는 "신탁을 묻기" 같은 의식들—은 당연히 사회의 생존과 재생산을 위한 중요한 활동으로 간주되었고 따라서 노동과 구분되지 않았다.(엘베르트 2000 참조) 북아메리카 호피 인디언들의 유명한 '비를 내리게 하는 춤 의식'은, 비록 그 의식에 참여하는 대다수 사람들이 그렇게 한다고 해서 비가 오지는 않는다는 것을 분명히 알고 있었음에도 결코 포기된 적이 없었다. 왜냐하면 이 의식은 공동체의 연대성을 결정적으로 강화시켜주었기 때문이다.(머튼 1964, 64쪽 이하 참조) 폴리네시아의 이웃 부족들 간에 조개목걸이와 팔찌를 교환하는 '쿨라Kula-교환 의식'에 대해 마르셀 모스(1923/1990)는, 이것은 공동체의 유대를 강화시키는 경제적, 법적, 도덕적, 미학적, 종교적 그리고 신화적 현상으로서, 오늘날 우리가 노동이라는 말과 연결 짓는, 일차적 경제적 욕구의 충족이라는 목적을 훨씬 넘어서는 것이라고 밝히고 있다.

유럽에서도 *초기* 사회 형태의 실생활은 오히려 총체적으로 조직화되었고 노동은 오늘날의 의미와는 달리 기타 활동과 구분되지 않았다는 것을 미루어 짐작할 수 있다. 고대의 농업 형태와 관련하여 오토 브루너(1980)는 '총체적 집'의 특정한 경제활동방식이 농가경제와 농장경제의 전형이라고 말했는데, 여기서는 예를 들어 생산과 소비를 체계적으로 구분할 필요가 거의 없었다고 한다. 농부와 그의 아내는 이 공동체의 다른 구성원들과 마찬가지로 기본적으로 *자신의* 생계를 위해 노동하였다. 대부분의 생필품들은 *스스로* 만들어 썼고 아주 소량만이 *교환되었다*. 어떤 예상외의 사건이 일어나지 않는 한, 농부와 농부의 아내는 그들의 생계를 위해 얼마만큼의 노동이 투여되어야 하는지를 아주 잘 알고 있었다. 헛간, 마구간, 경작지, 저장고는 농가와 농장의 소유였으며, 가용한 자원들은 모두가 알 수 있고 또 노동생산물은 투명하게 공개되었다.

그러므로 *초기의* 농가경제와 농장경제는 인위적이면서 독특한 성격을 갖는 조직노동을 결코 필요로 하지 않았다. 무언가 더 복잡한 관계 속에서 빠른 속도로 노동이 행해지는 것, 즉 여러 부분노동의 결합—예를 들어 가구나 공동체의 구성원이 아닌 *외부의 전문가*가 곡물을 빻는 것, 건물을 세우는 것, 가구를 만드는 것—은 이 시대의 노동 형태에서는 존재하지 않았다. 노동조직은 누구나 볼 수 있는 공간 내에서 이루어졌다. 그리고 지식계급의 결합 역시 외부에서 구해야 하는 과제가 아니었다. 지식은 현장in actu 속에서, 즉 노동이 이루어지는 과정에서 자연스럽게 전수되었다. 아이들은 아주 어린 시절부터 노동에 참여했다. 수확과 사냥을 할 때, 들판 또는 마구간에서 아이들은 무엇이 자기들에게 중요한 것인지를 배웠다. 그리고 다른 한편, 어른들 역시 약간 나이가 먹었다고 해서 당연히 많이 안다고 간주되지도 않았다. 아프리카의 사냥부족들에 관한 연구에 의하면, 유달리 희귀하거나 재빠른 짐승을 잡는 사냥 기술은 매우 어려운 것으로 간주되었으며, 따라서 나이 50세가 되어야만 '노련한' 사냥꾼 대우를 받았다.(거번/카플란/구티에레스 2006 참조)

이 시기 노동에서 비노동으로의 이행은 유연하게 이루어졌다. 겨울에 대비해 저장해둔 것이 충분치 않을 경우, 노동 강도는 셌다. 그러나 생존을 위한 준비가 이미 어느 정도 되었다고 생각되면, 많은 일들은 뒤로 미루어졌다. 러시아의 여러 지역에서는 19세기에도 농부들이 그해의 노동을 만족할 만큼 했다는 생각이 들면, 스스로 더 이상 일을 하지 않았다. 마찬가지 이유로 그들은 흉년이 들었다고 생각하면, 평소보다 많은 노동을 하였다. 러시아의 '인민공휴일'은 20세기 후반부에 계속 늘어나서 일하는 시간에 비해 쉬는 시간이 상당히 늘어났다.(미로노프 1999, 305쪽 이하 참조) 이러한 생활방식이 야기하는 문제점에 대해 농부들은 아무 상관도 안 했지만, 그들의 지주와 차르 시대의 정부 그리고 나중에 소비에트 정부에게는 큰 문제가 아닐 수 없었다. 늦었지만 소비에트 정부가 농부들의 이러한 자기조절적 노동을 *행정적으로* 규제하기 시작했을 때, 비로소 노동과 합법적인 자유시간을 구분할 이유가 생겨난 것이다.

이러한 상황은 흥미로운 측면들을 잘 보여준다. 우선 왜 러시아 농부들은 어느 정도 이상의 수확을 하면 노동을 멈추었을까 하는 것이다. 그들은 더 많은 노동을 통해 물질적 풍요를 늘릴 수는 없었을까? 그리고 그렇게 함으로써 별로 즐겁지 않은 그들의 이후의 역사발전을 피해나갈 수 있었을지도 모르지 않는가? 이미 많은 서유럽의 농부들이 잉여생산물을 만들려고 노력하면서—즉 자신들이 필요한 양보다 *더 많이* 생산하면서—점점 노동과 비노동을 체계적으로 구분할 이유를 찾은 것에 반해, 왜 그들은 생존에 필요한 만큼만 노동을 했을까?

소유에 대한 가증스런 사랑 또는 잉여노동의 원인

앞의 질문에 대한 첫 번째 답변은, 많은 농업생산물들은 오랫동안 보관하기가 힘들다는 사실, 즉 생산물은 부패하기 쉽다는 점을 생각하면 얻을 수 있다. 만약에 음식물을 제대로 보관하는 효과적인 기술이 없다면—예를 들어 소금에 절이기, 훈제, 잼, 빵, 치즈, 술로 가공하기, 그리고 결국에는 냉장고, 냉동고 등—노동생산물이 부패하기 전에 소비할 수 있는 양보다 더 많은 양을 얻기 위해 굳이 노동할 동기는 생겨나지 않는다. 따라서 보관기술이 생겨난 이후 또는 쉽게 부패하지 않는 가공품이 생산—제조업에서 또는 좀 더 분명하게는 화폐가격이라는 상징적 형태로 생산—된 이후에야 비로소 생산물의 소비에 대해 항상 걱정하지 않고 노동을 하는 것이

합리적인 행위가 되었다. 이때부터 인간들은 스스로 필요로 하는 양 이상을 생산하기 위해 *더 많은* 노동을 하는 것을 중요하게 생각했다. 이러한 점은 무엇보다 마샬 살린스(1974)가 밝혀낸 사실, 즉 우리가 오늘날 관점에서 노동이라고 부르는 활동들이 '석기시대의 경제'에는 하루 두 시간을 넘지 않았다는 것에 대한 중요한 원인이 될 수 있다.

비슷한 이유로, 하지만 더 큰 규모로 생산과 소비는 *교환*과 서로 분리되어 나갔다. 한편으로 교환은 스스로 생산한 잉여생산물이 부패하기 전에 외부와의 소통을 통해, 심지어는 이윤과 맞바꿀 수 있는 가능성을 열어주었다. 또 다른 한편으로는 재화와 서비스가 교환되자마자, 자기가 직접 생산하지 않은 생산물과 서비스를 이용할 수 있게 되었다. 그런데 이러한 생산물과 서비스 뒤에 있는 노동은, 시장에서의 공급이 유동적이었기 때문에, 빠른 속도로 불투명해하게 보이게 되었다. 따라서 이제는 더 이상 자신의 생계를 이어나가기 위해서 얼마나 많은 노동이 필요한지는 바로 알 수 없게 되었다. 이러한 변화는 유럽에서 근대 이후 일어났는데, 이는 생존을 위주로 한 초기 농업의 총체적 생활방식을 대대적으로 붕괴시켰다. 하지만 예를 들어 러시아와 세계의 다른 일부 지역에서는 이러한 생활방식이 좀 더 오래 살아남았다. 이들 지역에서는 교환의 장소, 특히 시장과 도시 중심상가가 느리게 발달하였다. 여기서는 기후와 토질 이외에도 예를 들어 더 많은 노동을 할 의욕을 별로 없게 만드는, 상대적으로 열악한 사회간접시설이 한몫을 하였다. 러시아에서는 무엇보다 교통로를 만드는 데 필요한 돌들을 부술 수 있는 거대한 암석지층들이 매우 적었다. 일찍이 로마인들에 의해 건설된 유럽의 교통망과는 달리, 러시아에서 교역 가능한 잉여생산물의 운송은 매우 힘든 것이었다. 따라서 교환은 특별한 자극제가 되지 못했다. 그러므로 소유에 대한 가증스런 사랑amor sceleratus habendi—필요한 양 이상을 가지고자 하는 사람들의 욕망을 오비디우스(5/1994년경, I, 13)는 그렇게 표현했다—은 유럽에서 이후 노동의 발전에 중요한 틀을 제공한 반면, 농업중심적인 러시아의 문화에서는 유럽과 같은 수준으로 확산될 수가 없었다.

러시아의 사례가 보여주듯이, 잉여노동을 하게 만든 세 번째 원인은 생산자들과 소비자들 간의 광범위한 *사회적 계층화*였는데, 이것은 농부와 지주 간의 관계에서 잘 나타나고 있다. 물론 러시아의 농부들은 *그들의* 특수한 노동, 즉 잉여노동에 그다지 관심을 안 가지는 문화 속에서 스스로 '이만하면 충분하다'고 자족했고, 따라서 휴일들도 그들이 누려야 할 당연한 권리라고 생각했다. 하지만 그 사회의 다른 사회구성원들, 특히 대지주와 정부 관리들은 이러한 상황을 자연스러운 것으로 보지 않았다. 그들의 관점에서는 농부들의 노동생산성이 너무나 낮은 것으로 보였다. 19세기 후반부에 러시아의 경제학자들은 한 명의 *무식*Muschik* 이 보드카를 덜 마시고 더 일할 경우 일 년에 농업경제에서 얼마의 노동시간이 더 증가할 수 있는지를 계산하기 시작했다.(미로노프 1999, 315쪽 이하) 결국 정부는 최소노동의 과업량을 확정하고 이를 감시하기 시작했다.

* 제정 러시아 시대의 평범한 농부를 일컫는 말이다.

정부는 이를 통해 노동과 비노동을 구분하기 시작했다.

노동분업과 그 기원

여기서 잠깐 어떤 구체적 상황을 생각해보기로 하자. 만약에 예를 들어 곡물이 방앗간 주인에 의해 빻아진다면, 우리는 그러한 노동과정이 더욱 복잡해지자마자—예를 들어 준비과정의 노동 또는 반복과정의 노동들이 더 이상 예전처럼 농가에서 농장공동체에 의해 이루어지지 않게 되자마자—그 노동과정이 비생산적인 헛수고, 불필요한 추가노동 또는 작업정지 등에 의해 방해 받지 않으려면 *협동*과 *조직*이 필요하다는 것을 알게 된다.

따라서 예를 들어 곡물을 방앗간으로 운반하는 일이 헛수고가 되지 않으려면, 방앗간 주인이 일하는 시간과 방앗간에 있는 시간은 언제인지 주인과의 일정한 약속이 필요하다. 이러한 합의에 의해 고객뿐만 아니라 방앗간 주인도 서로 일정한 *의무를 지는 것이다.* 방앗간 주인이 주문량에 상관없이 고객들에게 정해진 시간에 빻을 곡물을 갖다놓을 것을 요구하면, 고객들 역시 더 이상 자신들의 노동시간을 완전히 유연하게 사용할 수는 없다. 그들은 적어도 자신들의 노동과 방앗간 주인의 노동과의 협동이라는 관점에서 볼 때, 어느 시점에서 자기들이 충분히 일했다는 생각이 든다고 해서 그들의 노동을 단순히 중단할 수는 없다.

이러한 관계 속에서 노동을 다른 활동과 분리되게 만드는 결정적 동인은—쉽게 알아차리겠지만—바로 *노동분업*이다. 노동분업적 상황에서 노동이 무엇이고 어떤 수고 또는 어떤 성과가 거기서 나오는가는 근본적으로, *다른 노동하는 사람들이* 우리들의 노동에 미치는 영향과 효과에 의해 규정된다. 따라서 우리들의 노동은 기본적으로 그리고 이미 항상 *사회적으로* 규정되어 있다. 우리는 무엇을 노동으로 간주할 것인가 그리고 얼마나 많은 에너지를 그것에 쏟아부어야만 하는가에 대해서 스스로 결정할 수 없다. 심지어 사회가 우리들에게 부담을 주는 '소외된' 노동조건과 거리를 두기 위해서 "스스로 결정한", "소외되지 않은" 노동에 대해 말할 때에도, 우리는 교육과 경험을 통해 끊임없이 그리고 무의식적으로 작용하는 다양한 문화적 영향들로부터 벗어날 수 없다. 그러므로 엄밀히 말해 우리가 진정으로 스스로 결정한 것이라고 간주하는 것에 대해 확신할 수 없다. *노동은 근본적으로 사회적 현상이지 결코 개인적 현상은 아니다.*

어떤 면에서 분업은 이미 인간 노동의 *전제조건*으로 간주될 수 있다. 일찍이 여성과 남성 간의 생물학적 노동분업, 또는 더 근본적으로는 우리 신체의 기관들 간의 분업, 기관 내의 세포들 간의 분업, 그리고 세포 내 분자들 간의 분업 등은, 우리 인간들 또한 서로 간에 노동을 분배하고 이를 통해 노동을 놀라울 정도로 효율적으로 수행할 수 있다는 사실의 전제조건으로 간주될 수 있다.

그러나 여기서 살펴본 연관성 속에서 특히 우리의 관심을 끄는 것은 사회적 차원의 노동분업이다. 이것이 어떻게 생겨났는지를 이해하기 위해서 우리는 기본적으로 한 가지 종류의 노동만으로 살았던 사회, 예를 들어 야생동물, 경우에 따라서는 맹수를 사냥하면서 살았던 사회를 상상해볼 필요가 있다. 동물들을 사냥하기 위해서 사냥꾼은 힘, 노련함, 끈기, 용기, 나아가 약간의 공격성을 필요로 한다. 따라서 이러한 수렵사회에서 사람들은 사냥을 위해 단결하고, 사냥을 위해 위장하고, 또 여러 위험에도 불구하고 사냥에 성공할 수 있는 민첩한 행동을 습득하는 일 등을 잘 해왔다. 그리고 더 나아가 사냥 후에 다시 안정을 되찾는 것도 잘 했다. 위장을 하고, 피투성이인 석기시대 사냥꾼의 모습은 집에 머물러 있는 여자들, 아이들과 편하게 대화할 수 있는 모습이 결코 아니었다. 따라서 그 사회는 사냥꾼들이 사냥을 나가기 전과 후에 여러 배려를 하였는데, 예를 들어 사냥 전에 일종의 '격리된 장소'에서 사냥을 위한 특수한 의식을 행하였으며, 사냥을 한 후에는 가족을 다시 만나기 전에 그곳에서 긴장을 풀 수 있도록 하였다.

실제로 많은 인류학적 연구들, 예를 들어 스탠리 우디(1970)에 의하면 수렵사회는 일반적으로 그러한 격리된 장소—대부분 마을 외곽에 위치한 기도 장소 또는 제례 장소—를 가지고 있고, 더 나아가서는 사회가 번성함에 따라, 그 수준에 상응하는 화려한 의식들을 사냥 전후에 거행한다고 한다. 적지 않은 경우 이러한 의례 장소는 제사장 같은 특별한 인물들에 의해 관리되었는데, 그들은 다양한 우상숭배 행위, 춤, 노래 그리고 용기를 북돋는 물건을 건네주는 등의 행동을 통해 사냥꾼들에게 필요한 사기를 높이려 하였다. 이러한 사냥 전후의 의식에는 그 사회의 많은 구성원들이 참여하였고, 일반적으로 그러한 의식들이 사냥의 생산성을 증가시키는 데 성공적으로 기여하면, 이후 더 큰 규모로 확대되었다. 이 사회에서 우상숭배 행위는 점점 더 그 중요성이 커져갔고, 서서히 사냥과는 상관없는 것으로 *자립화*되기 시작했다. 사냥꾼들뿐만 아니라, 사제, 의례 담당자 그리고 이러한 '문화'에 관여하는 기타 사회구성원들(더 나아가서는 여성들 등등)도 이 중요한 사회적 행사에 참여하였다. 처음에는—상상해보자면—오직 먹고살기 위해 사냥만을 하던 사회가, 그 사회의 노동을 더 효율적으로 만들려 하다 보니, *노동분업적*인 사회가 된 것이다. 사회는 이제 (최소한) 사냥꾼 그리고 사제 들로 구성된 것이다.

노동이 노동을 만든다

이러한 변화는 결코 우연한 변화가 아니다. 노동은 기본적으로 스스로 *분화*하는 경향을 가진다. 노동과정이 효율화되고 이러한 효과가 노동에 다시 역으로 작용하는 곳에서는 항상 *새로운* 노동이 생겨난다. 만약에 노동력을 교육시켜 보다 복잡한 과제를 해결하고자 한다면, 불가피하게 교사와 학교의 필요성이 생겨나게 된다. 적절한 조직을 통해 생산과정을 효율화하고자 한다면, 경영과 통제의 필요성이 생겨난다. 그리고 기술적 혁신을 통해 산출량의 증대와 경제성장을 이루고 싶다면, 연구와 개발research and development, 즉 넓은 의미의 학문의 필요성이 대두한다. 다시 말해 *노동이 노동을 만든다*. 그리고 이 과정은 끊임없이 그리고 더 빠른 속도로 진행된다.

그러므로 우리가 단순한 사회라고 묘사한 사회 형태에서도 이미 많은 분화가 있었는데, 이것은 오늘날의 노동세계에서도 매우 중요한 것들이다. 예를 들어, 매우 흥미롭게 보이는 것은, 이미 수렵사회에서 어느 정도 노동장소와 거주장소가 구분되었고, 이와 관련된 사회적 잠재력이 발전되었다는 사실이다. 동물세계의 대부분의 사냥꾼들과는 달리 인간은 사냥한 노획물을 공동체의 다른 구성원들과 함께 *나누기* 위해, 먼 거리에 위치한 자신들의 동굴 또는 주거지로 운반하는 수고를 아끼지 않았다. 근본적인 사회적 행위로서의 노획물의 분배는, 이것을 더 효율적으로 하기 위해서 다른 사람이 가지고 온 노획물의 관찰과 관리를 필요로 했는데, 바로 이것이 최초의 사회경제적 사고이며 계산이다. 인류학자들은 이것이 사냥을 통한 음식물 공급의 불안정성을 어느 정도 줄여주는 데 기여했을 것으로, 특히 아직 제대로 훈련 받지 못한 아이들과 청소년들의 양육에 매우 중요했을 것으로 추측하고 있다.(스탠퍼드 1999 참조) 적어도 음식물의 분배는 흥미롭게도 초기 인류에서조차 오히려 일부 구성원들에게 항상 더 많이 돌아갔지, 공동체의 모든 구성원들에게 공평하게 분배되지는 않았을 것이다.

또 인간은 일찍부터 음식물을 날것으로 삼키지 않고, 적어도 단계적으로 구분하고, 처리해서 먹기 시작했다. 예를 들어 최초의 야채수프나 비슷한 것을 만들어 먹기 위해, 구덩이를 파고 가죽을 놓은 다음 거기에 물을 채우고 그 속에 뜨거운 돌들을 넣는 방법을 발명했다. 여기서 더 나아가 인간은 곧 사냥한 동물들을 동굴의

벽에 그리거나 조각을 함으로써 형상화하기 시작했다. 이것은 한편으로 공포, 즉 보통 앞이 잘 안 보이는 숲속에서 갑자기 튀어나오는, 그래서 결코 '차분한 상태'에서는 거의 관찰할 수 없는 '야수'가 상징하는 두려움을 의미했지만, 다른 한편으로는 동물을 '분석적으로' 파악할 수 있게 하였다. 그려진 그림을 통해 사냥할 동물들의 특정한 행동양식들에 관해 서로 이야기를 할 수 있게 되었고, 젊은 사냥꾼들은 동물들의 급소에 대해 관심을 가지는 등 사냥에 성공하는 데 중요한 추가적 정보를 얻을 수 있었다. 따라서 이미 약 35000년 전에 그려진 동굴벽화에서 세부묘사가 뛰어났다는 것은, 그 그림을 그린 자가 한가한 틈을 타서 가끔씩 벽에 무언가를 끄적거린 사람이 아니라 작품을 만드는 전문가였을 것이라는 추측을 하게 만든다. 적어도 풍요로운 공동체에서는 그 시기에 이미 예술가 같은 사람이 있었을 가능성이 충분하다. 그리고 그는 음식물을 구하는 직접적 활동으로부터 최소한 부분적으로나마 자유로웠을 것이다. 물론 이러한 그림 그리기는 현대적 의미에서의 "노동의 의무에서 벗어난" 예술을 하기 위한 것이 아니라, 오직 사냥의 성과를 드높이기 위해서 행해진 것이다.

이것이 성공적으로 이루어진 곳에서는—예술에 의한 것이든 또는 기타 활동에 의한 것이든 간에—노동은 극적인 결과를 낳았다.

신석기시대의 혁명

메소포타미아 북쪽 지방의 유프라테스 강과 티그리스 강 상류 지역에서의 약 15000년 전 시대에 관한 고고학적 발견들은 당시 야생동물이 풍부했다는 것을 알려주고 있는데, 이로 인해 그곳에 살았던 사람들은 말 그대로 '지상낙원 같은' 생활을 누릴 수 있었다. 직접적인 생필품의 궁핍으로부터 자유롭다 보니, 이 지역의 사냥꾼들은 문화기술을 정교화하고 점진적으로 효율화하는 데 오랜 시간을 할애할 수 있었던 것으로 보인다. 이미 오래전에 터키의 카라카다그 화산 주변 지역에 고도의 문화가 존재했었다는 흔적들은 바로 이러한 추정을 가능하게 한다. 오래된 도시 우르파 근처에 위치한 괴베클리테페라는 이름의 언덕 밑에는 11000년 전의 사원이 묻혀 있는데 이것은 당시 주민들이 얼마나 풍요롭게 살았는지를 보여준다. 게다가 사냥해서 소비하고 남은 고기들을 소금에 절이거나 또는 소금물에 담가 저장했던, 일부 푸줏간들이 발견되기도 했다.(롤 1998 참조)

이 지역은 충분한 영양공급으로 인해 빠르게 인구가 증가했는데, 이는 당연히 시간이 흐르면서—그리고 더 효율화된 사냥기술의 사용으로 인해—주변 야생동물의 개체수를 급격하게 감소시키는 결과를 낳았다. 처음에 '낙원 같았던' 사냥터는 지나친 사냥으로 황폐화되어갔다. 이러한 상황은 많은 사냥꾼들로 하여금 다음과 같은 생각을 하게 만들었다. 즉 아직 남아 있는 야생동물들을 계곡이나 강의 경사면으로 내몰아 가두어 둔 다음, 그것들을 적절히 유지하는 방법이었다. 다시 말해 동물들을 *가축으로 길들이는* 것이었다. 이보다 먼저 유목민 사냥꾼들은 정착하여 가축관리자가 되었는데, 이들은 곧바로 자연상태로 자라고 있는 초원의 곡식들을 동물들이 먹지 못하게 했고, 정기적으로 곡물을 수확하기 시작했다. 많은 발견들이 말해주듯이, 이러한 변화는 집 근처의 뜰 같은 일부 국한된 면적이 아닌, 상당히 넓은 면적에서 대대적으로 일어났다.

이러한 생활양식과 경제양식의 근본적 변화는 약 11000년 전에 중동지역에서 시작하여 유럽으로 확산되어 나갔는데, 이를 고든 차일드(1936)는—'희망의 개념'인 산업혁명과 비슷하게—신석기시대의 혁명이라 불렀다.

이러한 변화는 커다란 사회적, 문화적 파급력을 가졌다. 하지만 이러한 변화가 한 지역에 사는 모든 사람들에게 *동시에 일어나지는 않았기* 때문에 결국 매우 흥미로운 사태를 낳게 되었다. 한편에서 많은 사람들이 여전히 급격하게 줄어든 동물들을 찾아 숲속을 헤매고 있을 때, 다른 사람들은 이미 어느 정도 농산물을 경작하는 데 성공하였고 또 *자신들을 위해* 가축들을 가두어 기르고 들판을 관리할 줄 알았다. 이러한 변화가 야기하는 갈등은 일정한 규칙의 제정을 필요로 하였는데, 이는 왜 이러한 지리적 공간에서 관념적인, 그리고 나중에는 이 변화에 상응하는 종교적으로 정초화된 사회질서가 자리 잡을 수 있었는가에 대한 하나의 중요한 이유를 말해준다. 그리고 이러한 사회질서는 오늘날까지도 우리들의 존재와 노동조건을 규정하고 있다. 특히 기독교는 이러한 지역에서 생겨났으며 또 이러한 변화로부터 자신들의 교리를 확립하는데 결정적인 자극을 받은 것으로 보인다. 성경 원본의 중요한 부분들에서는 농업을 주로 하는 사회에 적합한 사회질서가 묘사되고 있다. 기독교의 신은 '경작지의 흙'으로 최초의 인간을 만든 것으로 되어 있다. 낙원에서 추방된 이후 아담은 얼굴에 땀이 젖을 정도로 '들판의 채소'를 돌보지 않으면 안 된다. 신은 아담에게 저주를 내리면서 아담이 자신을 위한 경작지에서 평생을 농사로 '고생하면서' 먹고살 수밖에 없도록 만든다. 아담의 아들 카인은 농부가 되었지만, 그의 동생 아벨은 최초의 목축업자였다. 그리고 그들 간의, 살인까지 불러올 정도의 갈등에 관한 이야기는 메소포타미아 상류지역에서 농업으로의 근본적 변화가 야기했던 것과 비슷한, 당시의 사회적 긴장을 그대로 반영하고 있다.

이러한 변화가 결코 자발적으로 이루어진 것은 아니라는 사실—다시 말해 농업적 생산양식이 가지는 두드러진 장점들 때문에 또는 더 높은 생산성을 얻기 위해 사람들이 의도적으로 추구한 변화가 아니라는 사실—은, 새로운 노동이 인간들을 처음에는 매우 병들게 만들었다는 점에서 분명히 드러난다. 발견된 유골들을 살펴보면, 초기의 정착 농민들은 사냥꾼이나 채집인들과 비교해 볼 때 엄청난 강도로 그들의 육체를 혹사시켰음을 알 수 있다. 그 시대 인류의 평균 키는 그 이전 시대보다 줄어들었는데, 이로 미루어 그들의 영양상태가 악화되었다는 것을 추측할 수 있다. 거칠게 갈은 곡식을 먹을 수밖에 없었기 때문에 치아는 이른 나이에 마모되어 망가졌다. 농사를 지으면서 특정한 근육과 뼈만을 집중적으로 사용하였으며 섭취하는 음식물의 종류도 수렵이나 채집 시절보다 매우 줄어들었다. 가축과 가까이 살고, 거대한 규모의 공동체를 함께 이루며 농사를 지었기 때문에 전염병에 걸리고 그 병이 확산되는 것도 더욱 빈번하였다. 특정지역에 거주하면서 생계를 꾸려나가는 것, 즉 정착화Sedentarisierung는 엄청난 대가를 치르면서 이루어졌다.(웰스 2002 참조)

그럼에도 불구하고 이러한 변화는 이후 다양한 결과들을 낳았는데, 그중에서도 가장 오래도록 영향을 미친 것은 바로 소유 형태의 생성일 것이다.

궁핍과 소유

오늘날 일련의 인류학자들은 초기 사회 형태에서는 적어도 음식물의 공급과 관련하여 지속적인 궁핍은 존재하지 않았다고 가정한다. 예를 들어 마샬 살린스(1974)는 오히려 "원시시대의 풍요사회"를 주장하기도 한다. 수렵, 채집사회들은—적어도 그 사회들이 오늘날까지 살아남았고 또 그럼으로써 연구의 대상이 될 수 있었다는 점에서—자연으로부터 상대적으로 충분한 양의 음식물을 얻을 수 있었던 것 같다. 만약에 음식물이 떨어진다 해도, 이전보다 좀 더 멀리 돌아다니면, 얻을 가능성은 높았다. 하지만 이러한 경제 형태에서는 궁핍이 생겨날 경우 대부분의 모든 사회구성원들이 함께 견디어냈다.

그런데 정착화가 시작되면서, 즉 예전의 사냥, 물고기 잡기, 또는 채집에서처럼 *직접적 소비**만이 아닌, 점점 더 음식물을 *저장하고 보관*하는 것이 확산되면서 궁핍, 또는 더 정확히 말하자면, 궁핍에 대한 *인식*이 생겨나게 되었다. 이러한 인식은 특히—*다른 사람*들은 창고에 먹을 것이 가득한데도—스스로는 전혀 가지지 못했거나 또는 아주 적게 가졌던 사람들에게 강했다. 농업적 생산양식에서의 저장 및 보관으로 인해 비로소 '가진 자'와 '가지지 못한 자'가 생겨났고, 이러한 격차는 점점 대규모로 그리고 지속적으로 더욱 두드러지게 되었다. 그리고 이러한 사회적 균열을 해결해달라는 요구는 더욱 더 절박해졌다.

이에 대한 해결책은 너무나 자명하다. 즉 궁핍을 노동으로 제거하는 것이다. 따라서 대부분의 전통적 종교들, 특히 기독교가 명시적으로 노동에 관한 계율을 말하고 있는 것은 별로 놀랄 일이 아니다. 그러나 노동을 하기 위해서는, 즉 궁핍을 *미래에*, 다시 말해 *장기적 관점*에서 제거하기 위해서는, *지금* 그리고 *여기에* 이미 존재하고 있는 궁핍을 다룰 수 있는 규율이 필요하다. 현재에 관한 규율이 없이는, 즉 누가 어떤 것들을 사용할 수 있고, 생산물을 얼마나 소비할 수 있는가에 관해 알지 못한다면, 무조건 노동을 시작하라고 하기는 어려울 것이다.

바로 이러한 역할을 소유 형태가 했다. 소유제도는 희소한 자원의 이용권과 처분권을 보장하고 그 권리를 가지지 못한 다른 사회

* 바로 소비해버리는 것을 말한다.

구성원들을 배제시키는 방책이다. 사회가 희소한 자원들을 특정한 사람들 또는 사회 내의 일부 집단들만 소유할 수 있도록 하고, *다른 사람들에게는 허용하지 않음으로써*—예를 들어 소유권은 "신이 부여한 것", "자연법에 기초한 것" 또는 후에 "입법적으로, 민주적으로 등 여러 방법을 통해 결정된 것"이라는 식으로 인정되었다—장기적으로는 노동을 통해 누구나 궁핍을 극복할 수 있다는 식으로, *실제적인* 궁핍 문제에 대처할 수 있는 가능성을 만들어냈다. 다시 말해 궁핍을 줄이는 문제는 *노동분업적으로* 각자의 노동을 통해서만 해결해야 했기 때문에, 사회는 소유제도를 통해 이 문제를 해결하려고 했다.

이러한 규율이 언제나 바로 *공정성*의 문제를 야기하는 것은 아니다. 특히 기독교는 의심할 여지가 없이 많은 사회적 문제에 관심을 가졌음에도 불구하고, 공정성의 문제를 성공적이면서도 효과적으로 사후 세계의 문제로 옮겨버렸다. 즉 기존의 사회질서를 안정화하기 위해서, 재산을 가진 자, 부자들은 자신의 영혼을 구제 받기 위해서 자선을 많이 해야만 하는 반면, 무산자들, 가난한 자들은 하늘나라로 바로 갈 수 있는 가능성이 높다고 주장하였다. 그리고 현대의 법률 역시 이와 똑같은 맥락에서 지금 그리고 여기에서 필요한 실제적인 평등적 정의에 대해서는 아무런 언급이 없다. 오늘날 급속하게 심화되어가는, 전세계적 차원에서의 복지와 부의 분배에 있어서의 커다란 격차는 기존의 규율들로는 결코 해결될 수 없을 것으로 보인다. 여기서도 법률의 대부분은 오히려 (더 많은) 노동을 규제하지 않는 쪽으로 목표를 삼고 있으며, 특히 이미 더 많은 노동을 할 수 있고 더 많은 재산을 소유해온 사람들이, 계속해서 더 많이 노동을 해서 더욱 더 많은 재산을 가지라고 권장하고 있다. 우리들의 노동이 가지는 이러한 자기강화적 동기는 기존의 사회질서를 정당화하는 경향이 있다. 이런 경향 속에서 공정성의 문제는 종종 제기될 뿐이다.

이러한 상황은 고대의 노동에 관한 이론적 이해를 통해 보다 구체적으로 이해할 수 있을 것이다.

제2장

고대의 노동

이 장은 고대 유럽의 노동에 관해 다룬다. 그리스와 로마 시대의 독특한 노동윤리에 대해 설명하고, 고대의 노예노동과 신분질서를 살펴볼 것이다. 또 육체노동과 정신노동의 분화 및 사용가치와 교환가치의 분리에 대해 언급하고, 나아가 화폐의 도입이 노동에 미친 기능과 영향에 대해 서술할 것이다.

도시국가, 신분제 그리고 노예

고대 유럽의 잘 알려진 사회 형태 중 하나는 그리스의 도시국가, 즉 폴리스이다. 여기서는 결코 간과할 수 없는 수많은 유럽 문화의 구성요소들—특히 민주주의—이 일찍이 탄생하였다. 우선적으로 농업 지향적인 생활공동체와 노동공동체가 가구의 기본단위인 각 오이코스oikos에서 자급자족과 독립성, 즉 아우타르키아autarkia를 추구했을 당시, 폴리스에는 초기에 약 몇천 명 정도의 인구가 살았었다. 플라톤 역시 폴리스의 가장 이상적인 인구는 약 5000명의 시민이라고 말했는데, 여기에는 성인이면서 토지를 소유하고 있는 남자들만이 계산된 것이다. 후기 그리스 시대, 즉 기원전 350년경에 이르러서야 비로소 아테네, 아티카 같은 많은 폴리스에서 시민의 수는 약 20000명에 도달했다. 물론 이외에도 자유 신분이지만 대부분 자신의 토지를 소유하지 못한 이주민, 이른바 메퇴케Metöken라 불리는 사람들이 약 2000~3000명 정도 있었는데, 이들은 주로 수공업자, 상인 또는 대부업자들이었다. 또 이들보다 훨씬 더 많은 인구집단이 있었는데, 이들은 시민권을 가지지 못한 폴리스의 노예들이었다. 우리가 알고 있는 그리스 문화를 가능하게 했고, 나아가 노동을 설명하는 데 있어 최초로 체계적인 시도를 할 수 있도록 발판을 만들어준 것은 무엇보다 이 노예들의 노동이었다는 사실은 오늘날 비록 정도의 차이는 있지만 강조되고 있다. 만약에 노예노동이 없었다면 그리스의 철학자들이 노동으로부터 *벗어나* 이론적으로, 즉 넓은 의미에서 학문적으로 세상을 탐구할 수 있는 여유를 결코 가지지 못했을 것이라고 말할 수 있다.

특히 플라톤의 경우 고대 공동체에 관한 정교한 검토를 하였는데, 이것을 보면 노동과 노동으로 인해 생겨나는 사회적 계층화에 대해 그리스인들이 어떤 입장을 취했는지 잘 알 수 있다. 물론 그의 설명을 역사적 서술로 한정하여 이해할 수도 있다. 특히 플라톤의 저술 『국가』(기원전 370년경/1994)는 점점 더 큰 사회적 문제로 간주되고 있던 당시 고대 그리스의 사회적 노동분업을 정당화하려는 시도로서 읽어야 할 것이다. 즉 여기서는 일차적으로 사회질서의 유지가 주목적이었지, 새로운 깨달음이 주목적이 아니었던 것이다. 그러므로 그리스의 독자적 발전 가능성의 전제조건, 즉 무엇보다 노예노동은 그의 검토 대상에서 제외되어 있었다.

플라톤이 살던 시대에 공동체, 즉 폴리스 내의 업무들의 분화는, 이것이 제대로 작동하기 위해서는 사회적 격차를 잘 설명하여 정당화하는 것이 필요할 정도로 발전되었다. 단순히 신들의 의지에 근거한 설명으로는 충분하지 않았던 것 같다. 그리스인들이 볼 때 이에 대한 설명은 당연히 노동 외부에 있는 어떤 것이 아닌, 노동을 그 자체의 노동으로 간주하게 만드는 조건들의 핵심적 구성요소에 대한 인정을 통해 가능했다. 예를 들어 크세노폰(기원전 380년경/1965 참조)은 젊은 주부에 대한 가사교육 같은, 노동에 대한 지시행위 뿐만 아니라 어떤 명령을 따르고 수행하는 것도 노동으로 묘사하였다. 그리고 플라톤에게도 철학은 결코 한가하지도, 노동에 비하면 부차적인 이론적 산물도 아니었다. 오히려 철학 그 자체가 노동으로 간주되었고, 플라톤이 이상적 지배자라 생각했던 철학자는 가장 높은 곳에서 노동을 조정하는 자, 조직하는 자로 간주되었다.

플라톤이 설명한 노동분업의 형태는 세 개의 신분으로 나타난다. 농민과 수공업자, 경비원과 전사 그리고 지배계층. 물론 이 세 신분에의 소속 여부, 즉 각 신분에 해당되는 직업집단에의 소속 여부는 기본적으로 타고난 재능과 성향에 따라 좌우된다. 하지만 플라톤은 무엇보다 공동체의 모든 구성원들이 사회적 지위의 상승 또는 신분의 변동을 꾀하지 않고, 각자에게 주어진 업무를 성실히 수행할 경우에만 사회 질서가 완전히 제대로 선다고 보았다. 즉 각자가 "자신에게 주어진 몫"을 행하기만 한다면, 이것으로 첫째로 정의에 부합하며, 둘째로는 각자 노동의 숙련성technai을 얻을 가능성, 다시 말해 노동의 전문화를 통해 주어진 업무를 최선으로 달성할 수 있는 가능성이 생겨난다고 보았다. 그런데 바로 이러한 전문화가 사회적 계층화를 촉진시키고 나아가 사회 질서를 점점 붕괴시켰다는 사실은 플라톤에게 중요한 주제가 아니었다. 그의 주 관심사는, 이후의 수많은 그의 제자들과 마찬가지로, 이른바 "더 많이 가지려고 하는" 인간들의 전형적인 특성, 즉 잘못된 덕성이 그리스의 도덕을 훼손했다고 보고, 이를 막기 위해 철학자에 의해 지배되는 국가라는 이상적 이념을 반드시 내세워야 한다는 데 있었다.

『국가』에서 노예노동에 관한 언급은 전혀 없는데, 이는 물론 플라톤이 노예제를 거부했을 것이라는 의미는 아니다. 오히려 플라톤은 자신보다 이전 시대의 호메로스와 이후의 아리스토텔레스와 마찬가지로, 노예노동을 결코 중요한 노동, 즉 언급할 만한 가치가 있는 노동으로 간주하지 않았다. 이미 호메로스는 노예들이 처한 상황에는 전혀 관심이 없었던 반면, 농민들이 '머슴'으로 전락하는 상황은 큰 문제라고 보고 이것은 인간의 존엄성을 훼손하는 것이라고 비판한 바 있다. 그는 인간이 강요당하고 존엄성을 훼손하게 된 원인을 임금을 받고 노동력을 판매하는 데서 찾았지만, 정작 노예들의 운명에 대해서는 전혀 관심이 없었다. 자유롭지 못하고 시민이 아니었던 노예들은 동등한 권리를 지니고 동등하게 대우 받아야 할 인간으로 여겨지지 않았다. 또 아리스토텔레스(기원전 350년경/1968)의 경우 그리스인이 아닌 사람 또는 보다 정확히 말해 야만인Barbaren(원래 뜻은 그리스어를 제대로 구사하지 못하는 '말더듬이')은 태생적으로 노예의 속성을 지니고 있다고 보았다. 아리스토텔레스에게 노예들의 노동이 공동체를 떠받치고 자유로운 시민들에게만 허용된다고 여겼던 여가를 비로소 가능하게 했다는 사실은 결코 곰곰이 따져볼 가치가 있는 문제가 아니라 오히려 자연스러운 것으로 정당화되었다. 노예들은 그리스인들의 육체노동을 대신해주는 단순한 노동력으로서 노동도구처럼 취급되었다. 그리고 일반적으로 노예들은 정신적인 면에서도 모자란 사람으로 취급되었기 때문에, 그들의 운명은 심지어 아주 장점이 있는 것으로 간주되었다. 왜냐하면 주인들이 노예들을 위해 생각하는 수고를 대신하고, 나아가 노예들의 노동력을 착취하는 데는 관심이 없으면서도 노예들의 의식주를 마련하기 위해 신경을 쓴다고 여겨졌기 때문이다.

육체노동과 정신노동

물론 아리스토텔레스가 노동의 복합적인 조건들 그리고 특히 육체노동과 정신노동 간의 상호관계에 대해 무지했다고 비난할 수는 없다. 왜냐하면 수학의 발달은 원래 이집트 경제의 번영에 기인한다는 사실을 맨 처음 정확하게 파악한 사람이 바로 아리스토텔레스이기 때문이다. 즉 나일 강의 주기적 범람 현상에 대처하기 위해 많은 이집트인들은 정신노동 분야의 전문가—이와 관련하여 아리스토텔레스(기원전 350년경/1970)는 사제司祭를 특히 강조하였다—가 되어갔다. 나일 강의 비옥한 진흙 덕분에 농부들의 노동은, 이 노동을 통해 농사를 짓지 않는 다른 사회구성원들도 먹여 살릴 수 있을 정도로 매우 생산적이었다. 따라서 다른 사회구성원들은 정신적인 분야에 온전히 종사할 수 있었고, 그중에는 수학 분야도 있었다. 당시 수학에 종사했던 사람들은 가장 적합한 파종시기나 수확시기, 하지와 동지, 재고량에 대한 계산을 해주거나 곡물저장고 또는 기타 다른 건축물을 설계해줌으로써 육체노동의 원활한 수행에 거꾸로 큰 혜택을 주었다.

아리스토텔레스는 이러한 직접적으로 육체적이지 않은 활동을 스콜레scholé라는 개념으로 요약하였다. 이 개념은 보통 여가*로 번역되고, 독일어의 학교Schule—이에 대해서는 뒤에 다시 다룰 것이다—라는 단어의 어원이라는 것을 짐작케 하지만, 결코 아무것도 하지 않는 것Nichtstun을 의미하지는 않았다. 무위도식, 게으름 그리고 아무 일도 하지 않는 것은 고대시대에도 비난의 대상이었다. 육체적으로 노동할 필요가 없는 사람, 즉 물질적으로 부자이거나 자신을 위한 노예를 부릴 수 있어서 '필연의 영역'**을 이미 넘어선 사람은 공동체의 존경 받는 구성원이 되기 위해서는, 예를 들어 무보수 명예직으로 공동체의 업무에 봉사해야만 했으며, 따라서 정치에 관여하거나 철학, 학문, 예술, 스포츠를 반드시 해야만 했고 또 전쟁이 나면 도시국가를 지켜야만 했다. 무위도식이 아니라 자신의 노동을 스스로 결정할 수 있는 가능성을 그리스인들은 진정으로

* 또는 한가함, 여유

** 생필품을 얻기 위해 노동해야만 하는 상태를 말한다. 마르크스는 이와 대비되는 영역으로 '자유의 영역'을 말한 바 있다.

추구할 만한 가치가 있는 것으로, 나아가 도덕적인 행위로 높이 평가하였다. 호메로스에 의하면 오디세우스는 스스로 자신의 침대를 직접 만든 것에 대해 자부심을 가졌다고 한다.

이렇게 명예로운 자유시민이 되기 위해서는 높은 규범을 가져야 한다고 생각했던 그리스인들로 인해—비록 그들은 육체적 활동과 정신적 활동, 노동과 여가 간의 다양한 연관성에 대해 잘 알고 있었지만—이후의 유럽 문화사에서는 한편으로 노동을 항상 비노동과 엄격하게 구분하게 되었고, 다른 한편으로 단지 생계를 유지하기 위한 노동, 즉 육체노동은 부정적으로 평가하게 되었다. 근대에 이르러서야 육체노동은 서서히 다시 긍정적 이미지를 가지게 된다.

자유시간에 대한 규제

로마인들도 계속해서 육체노동에 대해 부정적으로 생각했을 뿐만 아니라 노동과 비노동을 엄격하게 그리고 행정적으로도 분명히 구분하였다. 로마의 스토아학파에서는, 예를 들어 키케로의 『의무론』(기원전 44년경/2001) 같은 저술에서는, 단순히 오직 필요necessitas에서 그리고 일시적인 욕망voluptas을 위해 일하는 힘든 노동laborare을 거부하고, 그 대신에 자유인에게 어울리는 유일한 노동으로 명예honor와 자유인의 덕성prudentia을 위한 '자유롭고 숭고한 예술활동artes liberales'을 대비시키고 있다.

로마인들은 정치적 활동을—그리스인들이 공동체의 매우 핵심적인 사항으로 생각했던 것과는 달리—수많은 전쟁과 갈등이 계속되면서 점점 부담스러운 것으로 여기기 시작했다. 공동체에 대한 봉사 그리고 그와 관련된 정신적 노동은 서서히 사회적 가치를 상실하게 되고 사적 영역으로 밀려났고, 이 사적 영역은 이제 쾌적함의 영역으로서 규제를 가할 필요성이 생겨났다. 여가활동과 자유시간활동은 점점 더 *휴일*에나 하는 활동으로 간주되었다. 노동과 자유시간은 더욱 더 달력에 따라 구분되었다. 그리스인들과는 달리 잘사는 로마인들은 더 이상 자신들의 비노동시간과 그 시간에 할 수 있는 활동의 내용을 스스로 결정할 수 없게 되었다. 이제 자유시간은 더 이상 정신적 노동을 위한 시간이 아니라, 점점 더 일상의 노동에서 쏟은 수고와 부담감에 대한 보상 또는 대가로 간주되었다. 노동과 엄격하게 분리된 생활영역으로서의 자유시간이 더욱 뚜렷하게 나타난 것이다.

교환과 교환가치

이미 말했듯이 그리스의 도시국가는 대부분 농업에 기반을 둔 사회 형태였다. 이것은 외부의 다양한 위협으로 인해 자족적인 경제를 지향했고, 결국 오늘날 우리가 생각하는 교역 경제와는 거리가 멀었다. 공동체 간의 교환 장소는 도시국가의 중심지, 즉 정치적 집회가 열리는 아고라agora 같은 곳이 아니라, 도시국가의 경계에 위치한 헤름herm이었다. 이 명칭을 따라 상인들의 수호신을 헤르메스Hermes라고 불렀는데, 그는 신들의 사자로서 맹세—즉 약속, 협정을 지키는 것—의 신이기도 하였다. 시간이 지나면서 에게 해의 섬들 간에 교역이 시작되었고, 소금과 흑요석 등을 거래하는 원거리 교역이 더욱 중요해졌다. 그리고 이러한 상황은 그리스의 철학자들로 하여금 *교환*을 철학적으로 고찰하게 만들었다.

가장 날카로운 관찰자 중 한 명이었던 아리스토텔레스는 선구자답게 노동을 통해 만들어진 모든 생산물의 두 가지 근본적 측면을 구분하였다. 그에 따르면(기원전 350년경/1968, 24 이하) 하나는 노동생산물을 만든 자가 그것을 *사용하는 것*, 즉 *소비하는 것*이다. 다른 하나는 자신이 만든 생산물의 소비를 포기하고 그것을 자신이 만들지 않은 타인의 생산물과 *교환*하는 것이다. 따라서 모든 노동생산물은 *사용가치*뿐만 아니라 *교환가치*를 가지게 되고, 이 두 가치들은—바로 여기서 문제가 생기는데—언제나 반드시 일치하지는 않게 된다. 사용가치는 일반적으로 생산물을 만들거나 소유한 사람에 의해 규정되는 반면, 즉 저마다의 욕구와 필요성에 따라 *주관적으로* 결정될 수 있는 반면, 교환가치는 시장에 의해 규정된다. 다시 말해 경쟁을 통해 다양한 공급자와 수요자가 만나게 되는, 수요와 공급 간의 변화에 의해 결정된다. 따라서 교환가치는 상황에 따라서는 노동하는 자의 욕구와 필요성과는 전혀 관계가 없는, 개인적 차원을 넘어서는 *사회적 가치*를 지니게 된다. 만약에 자신이 만든 생산물과 똑같은 것을 동시에 다른 수백 명이 시장에 공급한다면, 즉 동일한 물건이 넘쳐나서 수요가 따라주지 않는다면, 그것을 생산한 사람이 부지런히 일한 것은 아무 쓸모가 없게 된다. 생산자가 자신의 생산물에 매긴 가치는 시장에서 제대로 인정받을 수 없게 된다.

특히 임금노동자에게도 적용되는, 이러한 잘 알려진 불일치는 아리스토텔레스에 의해 제기된 또 다른 문제와도 관련이 있다. 만약에 사용가치와 교환가치가 서로 다르다면, 즉 노동생산물에 대한 주관적 가치평가가 그 생산물의 시장가격 결정에 결코 중요한 기준이 될 수 없다면, 서로 다른 생산물을 교환하기 위해서는 이것들을 어떻게 *비교*할 수 있는가라는 질문이 제기된다. 방석의 가치와 집의 가치, 또는 암소의 가치와 철학자의 학설의 가치를 어떻게 비교할 수 있을까? 만약에 시장에 수많은 물건들과 교환하려는 사람들이 점점 더 넘쳐나면 넘쳐날수록 이 질문에 대한 답변은 분명 더더욱 혼란스러울 것이다. 만약에 몇 개의 그리고 불변의 생산물이 서로 잘 알고 지내는, 일부 교환당사자들 간에 교환된다면, 모든 사람이 받아들일 수 있는 생산물의 교환가치에 대한 합의는 상대적으로 빨리 이루어질 수 있다. 하지만 수많은 다양한 생산물을 서로 잘 모르는 교환당사자 간에 교환하는 것은 매우 복잡한 일이 된다. 이웃들 간에 계란을 우유와 교환하는 것은 물론 서로 간의 약속이 필요하긴 하지만, 시간이 지나면서 순조롭게 이루어지고 또 상당히 쉽게 진행될 수 있다. 하지만 농부의 생산물을 철학자의 가르침 또는 평화 시에는 전혀 필요가 없는 전사의 수고와 교환하는 것은 말할 수 없이 어렵다. 바로 이러한 이유로 비교가 필요하게 된다. 이 비교 행위는 그 자체가 노동이 되기 시작했다. 하지만 가치에 대한 상호 합의에 너무 많은 시간이 걸릴 경우에는 교환이 결코 이익이 안 될 수도 있었다.

앞으로 보게 되겠지만, 18세기에는 비교하기 힘든 노동가치들과 생산물가치들의 문제에 대한 하나의 해결책이 제시되었는데, 그것은 이후 2세기 동안 노동의 조직화에 중요한 기준을 제공하였다. 이에 반해 아리스토텔레스는—오늘날의 시각에서 볼 때 더욱 현대적인—타당한 해결책을 제시하였는데, 그것이 바로 *화폐*이다. 만약에 너무나 다양하여 제대로 측정할 수 없는 서로 다른 가치들 사이에, 교환하려는 모든 사람들이 똑같이 알고 또 인정하는 하나의 가치를 끼워 넣는다면, 서로 다른 생산물과 서비스 들을 교환하기 위해 비교할 가치를 수고롭게 조정하는 행위를 단순화할 수 있고 따라서 교환 자체를 상호 이익이 되게 할 수 있다. 그것이 바로 화폐의 가치이다.

화폐

화폐경제는—아리스토텔레스는 이를 가정경제인 오이코노미코스Oikonomikos과 구분하여 이재술理財術, 즉 크리마티스티코스Chrematistikos라 불렀다—고대 유럽의 리디아 지방에서부터 확산되었다. 이곳은 소아시아에 위치한 지역인데, 전설적인 왕들인 미다스와 크로이소스가 살았다고 전해진다. 화폐경제는 기원전 약 500년 전부터 교역의 증가와 더불어 급격히 확산되었을 것이다. 그리스의 많은 도시국가들은 처음에는 동전을 찍어냈다. 이제 교역뿐만 아니라 고대의 대규모 출정, 방어 조치들의 마련 그리고 대규모 군대를 무장시키고 무기들을 구입할 필요성 등은 고대 화폐 거래의 확산에 중요한 원인이 되었다. 특히 기존 군대의 잠재적 효용성에 대한 대가, 즉 평화 시에도 전사들에게 급여를 지불해야만 하는 필요성은 화폐로 인해 생겨난, 교환의 새로운 가능성을 잘 보여주는 중요한 사례이다. 물질적 생산물의 교환가치는 상대적으로 직접 합의가 가능하지만, 전사들의 잠재적인 전투능력에 대한 대가로 전사들이 전쟁을 준비하는 데 필요로 하는 생필품을 얼마나 줄 것인가 결정하는 것은 매우 어렵다. 군인Soldat이라는 말이 로마시대의 금화를 뜻하는 solidus에서 유래하였다는 사실로 미루어 볼 때, 우리는 고대의 전사나 경비병들이—전투가 있던 없던 간에 급여를 받아야만 했기 때문에—아마 화폐로 급여를 받은 역사상 최초의 *임금노동자*였을 것이라고 추측할 수 있다.

화폐의 주요 기능 중 하나는, 앞서 말했던 교환가치를 매기는 기능 외에도 가치를 보전하는 기능이다. 만약에 변질되기 쉬운 재화를 보관이 가능한 화폐로 교환할 수 있다면, 이러한 교환이 없을 경우 하등의 의미를 가지지 못하는 노동 역시 중요하게 취급될 수 있다. 이로써 이제 노동은 그 목적을 다양하게 변경시킬 수 있게 되었다. 예를 들어 생필품의 궁핍을 줄이려는 기존의 목적 대신에, 사치재를 얻으려는 목적은 물론, 군인, 관리, 학자들의 특수한 서비스 등을 누리려는 목적이 생겨났다. 그리고 결국에는 이를 통해 화폐의 희소성 자체도 줄어들 수 있게 되었다. 이미 수천 명의 그리스 노예들이 비인간적인 노동조건 속에서 일을 해야만 했던, 중부 그리스의 아티카 반도의 라우리움에 있었던 유명한 은광산은 바로 발전하는 화폐경제를 의미했으며 또 동전을 찍어내야만 하는 필요성에서 세워진 것이었다.

이를 통해 화폐 자체를 위해 화폐를 더 가지려는 노력, 즉 그 끝이 보이지 않는 '무한한 부'를 축적하려는 시도들이 생겨났는데, 이를 고대 사람들은 이미 중요한 문제로 인식하고 있었다. 아리스토텔레스는 화폐경제를 가정경제와는 바로 정반대에 있는, "자연법칙에 위배되는 돈벌이 기술"이라고 하였다. 가정경제가 가족과 국가에 필수적인 물건들을 적절히 만들고 보관하는 '자연적' 필요성을 가지고 있는 데 반해, 화폐경제에서 가장 중시하는 것은 화폐를 증식시키는 일이라는 것이다. 아리스토텔레스에 의하면 화폐경제에서는 사람의 욕구 충족이 중요한 것이 아니고 오로지 부를 늘리는 것이 주목적이다. 따라서 이는 정의롭지 못한 것이고 거부해야만 한다고 보았다. 수많은 종교들과 마찬가지로 아리스토텔레스는 이자를 받는 것을, 화폐가 "자기 자신을 통해" 증식하는 것이라며 강하게 비난하였다.

그럼에도 불구하고 화폐는 노동의 지평을 극적으로 확대시켰는데, 이것은 물질적 측면, 사회적 측면 그리고 시간적 측면에서 동시에 이루어졌다. 먼저 물질적 측면에서는 생존에 직접적으로 필요하지 않은 물건들에 대한 애착이 생겨났다. 고대에는 이러한 배경에서 *사치*를 둘러싼 논란과 불만이 끊이질 않았다. 예를 들어 기원전 200년경 포에니 전쟁 시기의 로마에서는 자색 의복을 입는 행위나 고가의 귀금속으로 치장하는 행위를 법으로 금지하였다. 한편 사회적 측면에서 볼 때 화폐는 기존의 친숙하고 상당히 신뢰할 만한 인간관계 영역을 훨씬 넘어서는 경제적 교류를 가능하게 하였다. 따라서 이제 *계약* 같은 객관적 합의가 필요하게 되었다. 마지막으로 시간적 측면에서도 화폐는 한 개인의 생존기간을 훨씬 넘어서는 미래에 대한 설계를 가능하도록 만들었다.

이 모든 것은 노동이 더욱 분화할 가능성을 창출하였다. 초기 그리스의 도시국가들에서 나타난 것과 같은 소규모의 농업적 공동체에서 모든 구성원들의 노동목적은 동일했던 반면, 화폐경제의 출현 이후에는 노동을 통해 이루려는 목적과 충족시키려는 욕구들이 *다양화* 될 수 있었다. 이제 더 이상 공동체의 모든 구성원들은 동일한 목적으로 노동하지 않았다. 그리고 이러한 변화된 상황은 구성원들 간의 서로 다른 목적과 목표, 욕구를 조정하고 통합할 필요성을 낳게 되었다. 결국 여기서 새로운 노동의 과제가 생겨났다.

제3장

기독교와 중세시대의 노동

> 이 장은 유럽 중세의 노동과 그것이 이후 시작된 공업화에 미친 영향을 살펴볼 것이다. 기독교의 노동윤리가 낳은 사회적, 경제적 그리고 규범적 결과들에 대해 설명할 것이며, 사회적 계층화, 특히 그 의미가 변화한 부자와 빈자 간의 균열이 왜 생겨났는가에 대해 조명할 것이다. 나아가 노동도구의 기능과 그 영향 그리고 노동력을 안정적으로 확보하기 위한 사회정책적인 조치들의 기능과 영향에 대해서도 살펴볼 것이다.

기독교의 노동윤리

고대의 노동관은 노동의 조직 형태 그리고 정당화 형태 등에 있어 기독교 교리의 영향을 강하게 받으면서 유럽 중세시대에 큰 영향을 주었다. 노동은 한편으로 수고와 멍에, 신의 저주와 벌로 간주되었지만, 다른 한편으로 동시에 영원한 구원을 얻을 기회를 충족시킬 수 있는 주어진 소명으로 여겨졌다. 노동에 대한 생각이 둘로 쪼개진 것이다. 그런데 노동은 죄를 지은 인간에게 내린 신의 형벌이라는 생각보다는 오히려 노동과 연관된 수고, 고통 그리고 부담에 대한 생각이 노동을 유달리 부정적으로 평가하는 데 영향을 주었다. 노동을 하라는 신이 내린 소명은 당연한 것으로 간주되었으며 결코 부정적으로 받아들이지 않았다. 교회에서 노동은 신의 창조적 작업에 참여하는 일로 해석되었다. 특히 중세 수도원의 "기도하라 그리고 노동하라.ora et labora."라는 표어는 중세 노동세계의 지향성을 효율적으로 제시하였다.

그리스도는 자신이 십자가에 못 박히는 고통을 통해 이러한 노동 지향성의 모델이 되었다. 수사들과 수녀들은 마조히스트적 masochistisch 생각을 가지고 신의 하인과 하녀로서 길들여지고 질서에 순응하였다. 비록 금욕과 엄격한 일상생활로 인해 노동은 기도생활보다 후순위에 자리하였지만, 바로 그 때문에 노동은 매우 효과적으로 신속하게 이루어졌다. 그리고 오히려 수도원의 규율은 나중에 현대의 공장규율과 경영상의 보편적인 시간규율의 선구적 모델이 되었다. 예를 들어 베네딕토 수도회의 "일하지 않는 것은 영혼을 위협한다.otiositas inimica est animae."라는 유명한 표어처럼, 수도원의 규율들은 끊임없는 반복, 암송 그리고 낭송을 통해 깊이 각인되었다. 이렇게 매우 깊게 내면화된 노동윤리는 많은 수도회와 교회 들이 짧은 시간 내에 엄청난 경제적 번영을 이룰 수 있는 풍부한 토대가 되었으며, 바로 이로 인해 수도회와 교회 들은 그들의 그러한 세속적 행위를 재빨리 정당화할 필요성을 가지게 되었다. 즉 교회의 부와 세속인들의 가난 사이의 너무나 엄청난 격차에 대해 해명을 하지 않으면 안 되었다. 해명이 충분히 이루어지지 않는 경우, 이것은 중심 교회로부터의 분열 및 분파의 탄생으로 나타났는데, 이렇게 생겨난 분파들 역시 종종 경제적 성공을 이룩하면서 동일한 운명을 겪게 되었다.

이에 관한 하나의 사례는 시토 수도회인데, 이 수도회는 부유해진 베네딕토 수도회의 과거 금욕적 생활을 재현하기 위해 11세기 말에 설립되었다. 이미 축적된 부로부터가 아닌, 직접적 노동을 통해 생활에 필요한 최소한만을 가지고 생활한다는 것이 이들의 신조였다. 그들은 교회 소유의 토지에서 나오는 지대, 강제 부역 그리고 십일조 같은 부과금을 절대 요구하지 않기로 했다. 하지만 새로운 수도원을 건설하고 또 확장하기 위해서 이 수도회의 노동과 경제는 분명히 잉여생산을 지향할 수밖에 없었다. 농업의 효율적 조직화 그리고 수도회 소유의 판매 네트워크의 확대—특히 여러 도시들에 특정한 교역 거래처를 건설하는 것—는, 증대하는 경제 규모를 정당화하는 수도회의 엄격한 계율에 힘입어, 결국 시토 수도회가 2세기 만에 과거 다른 수도회의 운명을 반복하도록 만들었다. 즉 수도회는 부유해졌으며 이로 인해 다시 교회의 전통적 계율과 갈등에 빠지게 되었다. 직접적 노동만을 통해 검소하게 살아야 한다는 계율은 예기치 않게 효율성을 극대화하는 규범으로 변질되었고, 이것은 청빈하고 금욕적으로 살아야 한다는 계율과 모순에 빠지게 되었다. 따라서 시토 수도회 역시 너무 돈에 대한 탐욕이 많다는 등, 너무 세속적인 시설물들을 많이 가지고 있다는 등의 수많은 비판에 직면할 수밖에 없었다.(나겔 2006 참조)

여가 – 정신노동과 교육

수도원 경제의 성공은 내부적으로도 노동의 분화를 가져왔는데, 이것은 장기적 안목에서 볼 때 기독교적 세계관의 자기 완결성을 허무는 결과를 초래하였다. 수도원의 노동이 효율적으로 발전함에 따라 수도원 내에서는 인적으로도 순수하게 경제적 산출과 성공을 목표로 하는 활동과 기독교 신앙을 관리하고 후세에 전하는 활동이 나누어지게 되었다. 다시 말해 교회 내에서도 육체노동과 정신노동이 분리되기 시작하였다. 육체노동은 처음에는 적절한 신앙생활을 위해 필요하고 또 필수적인 전제조건이었지만, 이것이 점차 경제적 성공을 거두면서 농사일에 더 이상 필요치 않은 수도사들에게 다른 일을 맡기는 것이 가능해졌다. 예를 들어 수도원의 사람들 중 일부는 오로지 교회 경전만을 베끼거나 또는 풍부한 장식기술로 경전을 장식하는 데 자신의 재능을 발휘하였다. 또 시간이 지나면서 많은 수도사들은 경전의 내용을 둘러싸고 토론을 하거나 재해석하는 일, 즉 교회의 교리에 관한 정신적 논쟁과 관련된 일만을 하였다. 따라서 이러한 수도사들은 오늘날의 의미에서 *성직자*, 즉 '지식노동자'가 되었는데, 이들은 더 이상 육체노동을 할 필요가 없는 대신 전적으로 신앙 관련 업무에만 몰두하였다. 결국 수도원 노동의 성공은 원래 육체노동 지향적이었던 수도원 내의 노동을 다양하게 변화시켰다.

이러한 변화는 예를 들어 13세기의 토마스 아퀴나스의 이론적 작업에 잘 나타나 있다. 그는 활동적 삶vita activa과 사변적 삶vita contemplativa이라는 고대의 구분을 교회의 교리에 다시 적용하려 애썼다. 그는 *사변적 삶*—즉 정신적 활동—이 확실히 더 좋은 것이라고 하였다. 인간은 정신적인 것에 더 많이 그리고 육체적인 것에 더 적게 몰두하면 할수록, 그만큼 더 완성되는 것으로 간주되었다. 하지만 교회 내에서 *활동적 삶*은 고대 그리스에서처럼 아주 낮게 평가되지는 않았다. 왜냐하면 육체노동 역시 과거와 마찬가지로 신이 부과한 의무 중에 필수적인 것으로 간주되었기 때문이다.

노동의 분화가 교회 공동체 안에서 얼마나 빠르게 진행되었는가는 특히 독일어에서 학교Schule의 어원인 그리스어의 scholé—이것은 앞에서 이미 말했듯이 아리스토텔레스가 여가활동으로 간주한 것이지만 아무것도 하지 않는 행위를 의미하지는 않는다—가 당시 기독교 내 학자들의 활동을 표현하는, 즉 스콜라 철학이라는 개념으로 다시 나타난 것에서도 잘 알 수 있다. 중세의 수도자들 역시 육체적 활동과 구분되는 정신적 노동을 표현하기 위해 이 개념을 사용하였다. 즉 경전의 필사, 장식 및 해석 같은 활동은 점차적으로 학식이 풍부한 수도자들이 전념하는, 존경 받는 전문 영역으로 간주되었다. 이러한 전문 기술이 수도자가 죽으면 함께 사라지는 것을 막기 위해 수도자들은 scholé를 가르치고 또 전수하는 특별한 기관을 설립하였다. 이들이 세운 대성당학교 또는 수도원학교들은 바로 오늘날 교육기관들의 효시가 되었다.

독신과 교육의 개방

그런데 이러한 학교들은 처음에는 무엇보다 교회 내에서 중요한 과제를 던져주었다. 로마-가톨릭교회는 자신들의 특수한 노동윤리를 통해 한편 매우 성공적으로 부를 축적할 수 있었지만, 다른 한편으로는 절제, 금욕 그리고 청빈을 최상의 생활윤리로 설교하였기 때문에, 역사적 과정 속에서 끊임없이 자신들의 부를 정당화하거나 경우에 따라서는 신자 대중이 이를 받아들일 수 있을 정도로, 최소한 사회적으로 용인되도록 관리하지 않으면 안 되었다. 물론 이것이 언제나 성공하지는 않았다. 4세기 이래 어떠한 세속적 일에도 관심을 가져서는 안 되는 성직자가 자신의 후손을 낳고 따라서 중요한 교회의 직책이 *내부적으로*, 즉 성직자의 자손, 성직자 가정 출신이라는 이유만으로 승계되는 것이 과연 정당한가에 대해서는 논란이 있어 왔다. 결국 1022년에 교황과 황제는 성직자는 반드시 독신이어야 한다고 공표하였고, 그 이후 성직자는 결혼을 할 수 없게 되었다. 로마-가톨릭교회가 그때까지 소유하고 있었던 어마어마한 부에의 접근은 과거처럼 성직자 가정 내의 상속자에게만 폐쇄적으로 허용되지 않고, 이제 원칙적으로 모든 *남자들에게* 허용되었다. 이러한 커다란 변화로 인해 농업에서 전형적, 지속적으로 이루어져왔던 농업지식의 가족 내 대물림, 나아가 출생을 통한 사회적 지위의 세습이라는 오래된 관습은 무너지기 시작했다. 그리고 성직자의 결혼 금지는 성직자 후속세대의 재생산 문제를 야기했기 때문에, 교회는 부모에 의한 교육을 대신할 수 있는 어떤 조치를 마련하지 않으면 안 되었다. 따라서 수도원학교나 대성당학교들은 점점 더 문호를 개방함으로써, 노동 중에는 전수될 수 없는 지식들을 전달하면서 더욱 복잡한 노동의 질을 전문화했던 교육기관들의 모델 그리고 선구자가 되었다.

사회적 기능으로서의 빈곤

비록 교육기회의 확대가 이루어졌다고는 하지만 출신이나 성별에 의한 기존의 '주어진 운명'과 다른 방식의 사회적 계층화는 결코 충분히 이루어지지 않았다. 되돌아보건대 중세시대의 부자와 빈자 간의 점점 벌어지는 격차는 교회의 여러 조치들로 인해 완화되기는커녕 오히려 당연하게 인정된 것으로 보인다.

빈곤은 기독교적 중세시대에 불가피한 '자연적 해악'으로 간주되었다. 빈곤은 삶을 번거롭게 하는 것이긴 하지만, 기본적으로는 기존의 질서에 반하는 것이 아닌 것으로 여겨졌다. 오히려 정반대로 다른 많은 종교들과 마찬가지로 로마-가톨릭에서의 빈곤 역시 근본적으로 부유함보다 매우 높은 수준의 존재 상태로 간주되었다. 현세적 재화에 대한 무시, 물질적 가치에 대한 거부, 금욕이야말로 신에게 헌신하는 것의 표현으로 여겨졌다. 예수 그리스도의 빈곤했던 삶을 모델로 삼으면서 기독교에서는 빈곤이 구원을 보장하는 직접적이고 도덕적인 길이라고 하였다. 하지만 부자는 정반대로 그들의 영혼을 구원 받기 위해서는 자선을 해야만 했다. 그래야만 그들은 천국으로 갈 수 있었다. 빈곤은 하나의 사회적 기능을 가졌던 것이다. 비록 부자들도 구원 받을 가능성이 있다고는 하지만, 구원을 위해 빈곤은 필수적인 것이었다. 따라서 가난한 자도 부자도 신이 정해준 운명을 겸허하게 받아들여야만 했다.(게레메크 1997, 20 이하 참조)

이러한 규율이 준수되는 사회에서는 결과적으로 사회적 계층화가 정당화되었다. 하지만 이것은 다른 한편으로 궁핍을 줄이려는 노력—즉 노동—을 계속하도록 하고 따라서 *사회적 계층화를 가속화*하는 전제조건이 되었다. 그리하여 예를 들어 교역과 화폐경제는 중세시대에 더욱 늘어났다. 이미 화폐경제는 빈자와 부자 간의 간격을 계속해서 벌려놓았다. 자선이 현물의 형태로 제공되었을 때는 빈자들이 가끔씩 부자들의 식탁이나 집으로 초대되는 일도 있었지만, 현금을 통한 자선은 이제 누가 자선을 행하는지 모르게 만들었다. 결국 부자들의 현금 자선으로 인해 빈자들은 부자들과 사회적 접촉을 할 기회를 잃어버리게 되었다. 또 갓 시작된 도시화도 이러한 경향을 부채질했다. 여러 도시에서는 빠른 시간 내에 부자가 된 부르주아지 계층 그리고 동시에 빈곤 대중—물려받을 경작지가 점점 적어지면서 결국 농촌을 떠날 수밖에 없었던 사람들—이 급속하게 증가했다. 이들은 도시 내의 서로 다른 지역에 거주했는데, 부자들은 도심에 그리고 빈자들은 도시의 주변부에 살았다. 부자와 빈자는 과거 마을에 함께 살던 때와는 달리 서로 얼굴을 볼 일이 적어졌고, 빈자들이 급속하게 늘어나다 보니 부자들은 자선 행위를 통해 자신들의 지위를 정당화하는 데 큰 부담을 느꼈다. 따라서 이전까지 오히려 긍정적인 측면을 가지고 있었던 가난에 대한 관념은 변화하기 시작하였다.(브로델 1985, 71 참조)

물론 자선을 행해야만 한다는 기독교적 의무는 계속 유지되었기 때문에, 자선을 받는 자의 입장에서 볼 때 거지로서 일생을 살아간다는 것은 나름 매력적인 것이었고 또 사회의 최하층이라 하더라도 소득이 전혀 없는 것은 아니었다. 이러한 환경은 거지의 수를 증가시켰고 또 많은 사람들로 하여금 농촌을 떠나 떠돌이 노동자로 살게 만들었다. 그리고 이것은 도시에서 구걸제도를 통제할 필요성을 낳게 되었다. 중세 후기부터 거지는 도시가 부여한 구걸표식, 즉 구걸을 할 수 있는 허가표식을 반드시 지녀야만 했다. 예를 들어 거지의 거울speculum cerretanorum, 즉 과거의 전형적인 '거지 상' 또는 '협잡꾼 상'은 이제 과거의 전설이 되었고 또 문학적 소재의 대상이 되기도 하였다. 동시에 구빈원, 요양원과 자선 시설들이 생겨났고 도시 내의 빈자들을 통제하는 제도들이 도입되었다. 과거 기독교에 의해 운영되던 시설들은 일반인이 운영하는 시설로 대체되었다. 이로써 빈민구제는 점점 세속화, 규제 강화, 중앙집중화 그리고 제도화의 성격을 띠게 되었다.

이러한 변화는 다시 경제적 부담이 가중되는 기독교적 가치관, 즉 '착한' 빈자와 그들에게 자선을 베푸는 부자라는 인식을 서서히 바꾸게 만들었다. 도시에서 운영되는 매뉴팩처와 공업들에서는 노동력에 대한 수요가 점차 증가했고, 특히 100년 전쟁과 흑사병 대재앙 이후에는 노동력의 부족이 심각했기 때문에, 증가하는 빈민들을 '일할 수 있는 자'와 '일할 수 없는 자', 더 나아가서는 '근면한 자'와 '게으른 자' 같은 기준으로 구분하는 것이 이제 당연시되었다. 그러므로 근대 초기부터는 빈자와 부자 간의 격차 대신에 '잘못이 없는 빈자'와 자신의 빈곤에 스스로 책임이 있는 빈자 간의 구분이 강조되기 시작하였다.

수공업의 자립화

수공업의 성장은 여기서 중요한 역할을 하였다. 초기 농업 생산에서 우리가 오늘날 수공업이라 부르는 많은 활동들은 부차적으로만 존재했었다. 즉 농사를 지을 일이 거의 없는 겨울 농한기 몇 달 동안에만 있었다. 농부들은 자신들의 옷을 직접 지었으며, 집을 짓고 보수하였고, 또 그들의 '주요 활동' 외의 남는 시간에 여러 노동 도구들을 스스로 구상하고 만들었다. 하지만 시간이 흐르면서 방앗간 주인, 대장장이, 건축가 같은 전문가들이 생겨났다. 특히 많은 영지를 가지고 있던 성직자들의 지배와 보호 속에서 전문적 활동들—초기에는 공예 또는 유리 가공—은 농업노동으로부터 분리되어 서서히 전문화되어 갔다.

이러한 발전에서 적지 않은 역할을 한 것은 장자 상속권Majorat이었는데, 이것은 농장과 재산들이 쪼개지는 것을 방지하기 위해 부모의 재산을 항상 장남에게 넘겨주는 권리였다. 장남 다음으로 태어난 자식들이 노동력으로서 필요가 없게 되면, 예를 들어 그들이 자신만의 가족을 꾸리고 부양을 하려면, 그들은 농장을 떠나 새로운 생활수단을 찾지 않으면 안 되었다. 바로 이런 사람들이 시간이 흐르면서 도시의 수공업자가 되었다.

재능이 있는 사람에게 도시는 많은 이익을 얻을 수 있는 매력적인 판매시장이었다. 이곳은 많은 수요가 한정된 지역 안에 집중되어 있었는데, 이를 통해 수공업자의 작업태도를 변화시키는 안정적인 노동조건이 만들어졌다. 이제 과거처럼 하나의 물건을 만든 다음에야 또 다른 주문 작업을 시작할 수 있었던, 일정 시간에 맞춰 생산을 중단하고 다시 새로운 주문에 의해 시작되는 노동은 더 이상 수공업자의 일하는 모습이 아니었다. 오히려 계속 존재하는 수요는 작업장에서의 지속적인 생산 그리고 시장 또는 자체 상점에서의 판매를 가능하게 하였다. 특히 정해진 시간 내에 물건을 생산하는 기술의 진보와 더불어 값비싼 노동도구와 생산수단도 만들어졌는데, 이는 생산을 지속적으로 유지하고 가능한 한 24시간 내내 가동되도록 하는 압력을 낳았다. 생산시설의 가동을 중단한다는 것은—막대한 투자비용은 장기간이 지나야 회수할 수 있기 때문에—대가가 큰 무모한 일이 되었다.

노동도구: 수단이 목적을 낳다

노동의 역사를 다양하게 특징짓는, 수공업의 자립화와 더불어 생겨난 *고유논리*는 특히 노동도구의 경우에서 잘 드러난다. 못을 박기 위해 먼저 간단한 망치를 만들려고 생각하는 사람이라면—망치의 제작이 원래의 못 박기 행위에 들어가는 시간과 에너지를 빼앗기 때문에—다음과 같은 점을 계산에 넣지 않으면 안 된다. 즉 그가 만드는 망치는, 망치를 만드는 시간 동안 망치가 아닌 다른 도구(예를 들어 돌멩이)로 못을 박을 수 있는 개수만큼 또는 더 많이 못을 박을 수 있어야만 가치가 있다. 따라서 돌멩이를 사용하여 못 하나를 박는 데 5분, 그리고 망치를 만드는 데 1시간이 걸린다면, 망치는 13번째 못을 박는 시점부터 가치가 있다.(이러한 예에 대해서는 르루아-구랑 1964/1988을 참조) 이러한 논리는 노동을 할 때 사용되는 모든 보조수단에도 타당하게 적용된다. 그것들은 *반복적인 사용*을 통해 그것들의 제작 또는 구입에 들어간 비용을 회수할 수 있을 때에만 가치가 있다. 따라서 그것들은 당연히 반복적인 사용을 할 수 있어야만 한다. 곧 망치는 스스로 망치질에 적합한 못을 선호하게 된다. 그래야만 망치 제작이 이익이 되기 때문이다. 만약에 컴퓨터가 한 대 있고 이것이 단 한 번만 사용된다면, 이는 경제적으로 볼 때 잘못된 투자일 것이다. 이러한 논리는 노동조직 형태들과 그것들을 뒷받침하고 있는 여러 개념적 구상들에도 타당하다.

노동도구 또는 노동수단, 즉 노동장비, 특히 노동자가 착용하는 장비, 기계, 공장시설 등의 투입은 비록 이것들이 노동을 지원하고 또 효율화시키지만, 종종 의도하지 않았던 방식으로 노동에 다시 영향을 미친다. 이것은 가공생산물의 수요 또는 생산에 필요한 작업의 수요가 없어질 경우, 간단히 말해 노동을 중단하는 것을 어렵게 만든다. 만약에 사냥으로 쓰러뜨린 영양을 먹으면 배고픔은 진정될 수 있다. 하지만 비용을 들여 제작된 활은 사냥을 계속하기 위한 것이다. 스포츠화에 대한 수요가 충족되었다 하더라도, 즉 스포츠화 시장이 이미 포화상태라 하더라도, 스포츠화를 만드는 데 필요한 기계, 직원 그리고 공장시설의 유지에는 비용이 들고 또 그것에 투자된 비용을 회수해야만 한다. 그리고 현대에는 생산자들이 생산을 할 수 있기 위해서는 종종 은행으로부터 자금 대출을 받는데, 이 대출 기간은 상황에 따라서는 그들의 생산품에 대한 수요보다 오래 지속되기 때문에 일반적으로 생산자들은 생산을 쉽게 중단할 수 없다. 다시 말해서 노동도구의 제작, 기계의 구입 그리고 임금노동자의 고용같이 노동을 효율화하기 위한 투자는 그 자체로 고유한 현실Realitäten sui generis이 되고, 그것의 고유논리는 상황에 따라서는 원래 노동에 대한 수요보다도 노동을 더 많이 규정하게 된다.

이에 관한 하나의 예는 중세 말기의 노동을 잘 보여주는 군수산업이다. 중세의 수많은 출정에서 기사들이 갖추었던 장비들은 특히 10세기 헝가리의 공격 그리고 12세기 십자군 원정에 부응하여 이를 만드는 새로운 노동을 야기하였고, 이로 인해 특히 함석장이 같은 고도로 전문화된 다수의 수공업 장인들이 생겨났다. 이들은 중세 말기의 노동을 아주 인상적으로 보여주었다. 하인리히 8세 같은 사람은 2000명을 무장시킬 수 있는 대규모 장비를 주문하기도 하였는데, 이러한 대량주문은 이 시기의 무기들을 더욱 더 *대량생산*하게끔 만들었다.

고상한 기사도 정신을 지녔던 기사계급에게 큰 충격을 준, 특히 대포 그리고 총 같은 장거리 무기들은 가난한 귀족들이 결코 자력으로 구입할 수 있는 물건이 아니었다. 따라서 국방비 조달문제는 점점 더 국가의 사안이 되었고, 결국 국가의 형성은 이로 인해 정당화되고 또 가속화되었다. 다른 한편으로 대포와 총은 작고 분산된 작업장에서 더 이상 제작되지 않고, 더욱 더 대규모의 공업생산구조, 즉 군수산업을 필요로 하게 되었다. 국가에 있어서 군수산업이 가지는 중요성으로 인해, 그것은 국가의 통제 하에 놓이게 되었다. 그리고 무기제조에 더욱 더 많은 비용이 들어갔기 때문에, 이것은 결국 조세제도 그리고 이로 인해 서서히 국가의 행정 조치들을 발전시키게 되었다.

하지만 무엇보다 군수산업은 생산된 무기들을 곧 *자체의* 필요성에 의해 사용할 가능성을 찾기 시작했다. 무기의 생산에 들어간 비용과 노력은 무자비한 방식으로라도 투자비용의 회수를 요구하게 되고 따라서 전쟁은 정치적으로는 원래 그것을 할 이유가 전혀 없다 하더라도 종종 경제적으로 중요하게 되었다. 무엇보다도 재산을 지키는 데 필요했던 무기들은 이제 자체 논리에 의해 전쟁을 일으키기 시작했다.

부역과 십일조

실제로 유럽의 중세시대 초기에는 특히 동유럽에 살고 있는 종족들의 침입 그리고 약탈과 수탈이 빈번했다. 외적에 의한 지속적인 위협으로 인해 성벽을 쌓고 군대를 유지하는 등의 방어조치들이 중요했으며 이것들에 들어가는 비용은 해당 공동체, 즉 민중들에 의해 조달되어야만 한다는 것에 대한 합의가 재빨리 이루어졌다. 결국 이를 위해서는 세금을 거두는 것이 필요했는데, 그 대표적인 예가 *십일조*, 즉 생산물의 십 분의 일을 대지주나 영주에게 바치는 것이었다. 위험이 상존하고 약탈적인 이방인들이 도처에 존재하는 한, 이러한 세금을 정당화하는 것은 어려운 일이 아니었다. 방어조치들이 성공을 거둘수록, 즉 외적의 침입을 물리치고 또 그들이 점점 더 기습 공격도 할 수 없게 될수록, 세금을 부담해야만 했던 사람들은 점점 세금을 내야 할 이유를 찾지 못하게 되었다. 이제 외적의 위협은 여러 지역에서 공허한 말이 되었지만, 방어조치들은—군대 등을 유지하기 위해서는 비용이 들어가야만 했기 때문에—그 *자체로* 계속 존속하게 되었다. 국방과 관련된 사업과 행정에 관여했던 사람들, 특히 대지주와 영주들은 외부로부터의 침략이 더 이상 위협적으로 보이지 않더라도 방어조치들을 쉽게 중단할 수 없었다. 따라서 십일조나 부역 등을 실시하게 된 원래의 이유는 점차적으로 찾아보기 힘들게 되었다. 기존의 사회적 신분체계가 흔들리기 시작하면서 이러한 세금은 결국 '귀하게 태어난' 놀고먹는 계급을 유지시켜줄 뿐이라는 생각이 확산되었고, 그러한 계급이 존재해야만 할 이유도 점점 찾기 힘들게 되었다.

매뉴팩처와 실험실

공업생산의 중요한 선구자 역할을 한 것은 중세시대의 매뉴팩처이었다. 이것은 여러 도시에서 보다 전문화된 노동, 하지만 여전히 육체적 노동이 주를 이루는 노동에 대한 수요와 공급이 집중된 결과로 나타났다. 특정 생산물을 생산하기 위해 여러 종류의 수공업자들은 이른바 한 곳의 작업장에서 함께 일하게 되었다. 그 결과 과거에 여기저기 흩어져서 탈중심적으로 각자의 생산물을 만들던 수공업자들은 한 지붕 아래에서 조직적으로 생산하기 시작했다. 선반공, 피혁공, 철물공, 도금공 그리고 여타 수공업자들은 예를 들어 마차를 만드는 매뉴팩처에 함께 모여 일하고, 대장장이, 철물공, 바늘공 등은 핀을 생산하는 매뉴팩처에서 함께 일하게 되었다.

이러한 결합은 새로운 노동조직 형태를 낳게 되었다. 이제 노동은 체계적으로 분업화되었다. 과거에 한 명의 바늘공이 핀을 만들기 위해 수행했던 여러 다양한 활동들—쇳물 작업부터 시작하여 철사 늘이기, 절단하기, 끝을 뾰족하게 다듬기를 거쳐 포장, 판매, 장부정리 등까지—은 각 단계별로 나뉘어 여러 사람에 의해 수행되게 되었다. 그 결과 노동은 체계화되고 분업화되었으며 생산성은 현저하게 증가하였다. 하지만 이와 동시에 과거에 대접 받던 수공업자들의 노동은 점차 평가절하 되었다. 여러 작업단계의 노동이 개별적으로 이루어지기 때문에, 과거의 수공업자들이 누린 위신과 제품 주문의 기반이 되었던 특별한 전문지식은 더 이상 필요하지 않게 되었다. 나아가서 분절화된 노동과정은 노동하는 자와 그가 만드는 생산물 간의 연관성을 단절시켰다. 완성된 생산물은 점점 더 일하는 자의 시야에서 사라져갔다. 이러한 두 가지 사실은 새로이 등장하는 공업노동 시대에서도 여전히 중요한 문제로 남게 되었다.

매뉴팩처 시대의 이러한 노동의 체계적 재편에 커다란 영향을 미친 것은 바로 과학이었다. 과학은 비슷한 시기에 교회의 속박으로부터 점점 벗어나고 있었다. 갈릴레오 갈릴레이, 요하네스 케플러 또는 프란시스 베이컨 같은 유럽의 수많은 학자들은 수공업과 밀접한 관계를 가졌다. 그들의 과학 실험실은 종종 매뉴팩처 시대의 작업장과 유사했으며, 과학적 문제에 관한 그들의 접근방식은 체계화, 실험, 측정, 유형화 등을 실시하고 나아가 당시 지배계급의 권위를 무시하는 것이었는데, 이는 수공업의 장비와 도구 그리고 창의적 기술의 개발에 근본적으로 큰 영향을 미쳤다. 따라서 과학과 수공업은 서로를 더욱 발전시키면서 노동의 지속적 발전에 중요한 토대를 제공하였다.(쥘사크 2006 참조)

규제와 노후 보장: 동업조합

과거의 수공업은 주로 농촌에서 안정적인 가족연합체 또는 마을 공동연합체로 운영되어 노동의 불확실성을 방지할 수 있었지만, 새로이 등장한 도시의 수공업은 이제 이러한 연합체로 운영될 수 없었다. 따라서 이제 예측하기 어려운 수요의 변동은 공급자 간의 전면적인 경쟁을 야기했을 뿐만 아니라, 일하는 사람이 병들거나 늙었을 경우 누군가 돌보는 사람이 없다는 문제도 야기하였다. 수공업자들은 이러한 문제에 대처하기 위해 곧 자신들의 이익을 대변할 수 있는 모임을 조직하기 시작했다. 따라서 *동업조합*과 *길드* 같은 조직은 해당 직업에 필요한 지식에의 접근을 규제하고 개업하는 수공업자의 수를 제한하였으며 나아가 제품의 질과 가격을 통제하는 등의 방법을 통해 동업자 간의 경쟁을 가능한 한 줄임으로써 회원들을 보호하고자 하였다. 이외에도 회원들이 출자하여 최초의 공동기금을 조성함으로써 수공업 장인이 죽었을 경우 그 미망인에게 일정소득을 보전해주기도 하였다.

나중에 나타날 노동조합의 전신인 이러한 동업조합은 한편으로 사회적 계약 속에서 노동이 행해질 수 있도록 하였고, 다른 한편으로는 노동하는 사람을 회원과 비회원으로 구분하게 만들었다. 특히 동업조합제도의 전성기에는 조합에 가입하는 조건이 엄격했고 또 돈이 많이 들었기 때문에—이외에도 여러 곳에서 수련기간을 마친 사람은 장인의 지위에 올라가기 위해서는 많은 돈을 들여 연회를 베풀고 축제의식을 열어야만 했다—이 제도는 종종 사회적 지위 상승을 가로막는 실질적 장애물 역할을 했다. 따라서 이 제도는 나중에 수련기간을 마친 도제들이 장인들의 권력에 맞서 반란을 일으키고 또 지역의 영주를 압박하여 자유로운 영업행위를 얻으려 한 원인이 되었다. 그런데 영업권과 독점적 영업 또는 특정한 권한—예를 들어 수렵권, 어업권, 소금채취권—의 인정은 곧 도시와 여러 국가들의 중요한 소득원이 되었기 때문에—오늘날 의미에서의 조세는 당시에 (관세를 제외하면) 매우 주변적 역할에 머물렀다. 당시의 지배자들은 이 제도를 통한 수공업의 위탁관리를 그대로 용인하였다. 이 제도는 프랑스 혁명이 일어나기 전까지, 즉 수련기간을 마친 도제들의 요구가 사회적 공감을 얻기 전까지 계속 유지되었다.

제4장

근대와 공업화

> 이 장에서는 공업화의 전제조건을 다룬다. 노동이 어떻게 가치를 창출하는가를 둘러싼 이론적 측면 그리고 노동가치이론을 살펴본다. 또 공업화를 초래한 중요한 원인들, 즉 체계적인 노동분업과 기계화, 노동력의 부족과 그것을 만회하기 위한 방법들을 설명하고 종교개혁이 자본주의적 생산양식에 미친 영향과 같은 근본적인 동인들도 살펴볼 것이다.

생산요소로서의 노동

근대의 시작과 더불어 노동은 현대적 의미에서의 가치 창출적 원천으로서 주목 받기 시작했다. 노동은 *생산요소*가 된 것이다. 물론 노동과 관련하여 이미 고대에도 무언가를 산출하고 작업을 수행하며 가치를 창출하는 측면이 강조된 바 있다. 또 중세시대의 수도자들과 학자들은 노동을 보다 효율화하기 위하여 노동 관련 규칙과 규율의 제정에 신경을 썼다. 물론 이때까지 노동에 관한 이론적 파악은 특정한 사회적, 문화적 측면들에서 이루어졌다. 예를 들어 고대에는 이상적 공동체의 건설 그리고 인간의 덕성의 강화라는 의미에서 그리고 중세시대에는 예배의 한 방식, 현세의 저지른 잘못에 대한 속죄 또는 사회적 강자들을 위한 부역의 의미로 이해되었다. 하지만 영국, 프랑스, 네덜란드, 스페인 같은 국가들이 생겨나면서 *국가의 물질적 풍요* 문제가 중요하게 부각되었고, 그때 비로소 이에 대한 답변을 구하는 과정에서 오늘날 의미에서 노동의 *경제적* 측면에 주목하기 시작했다.

그때까지 결정적인 생산요소, 즉 근본적으로 빈곤과 풍요를 결정짓는 기준은 토지라고 생각했다. 계몽주의시대 초기에 특히 *자연*이야말로 인간들이 이룩한 모든 것들의 근본원칙이라고 생각했던 *중농주의자*들의 견해에 의하면 토지가 음식물을 제공하는 토대이기 때문에 토지야말로 국가의 부를 규정하는 원천이었다. 하지만 이에 반해 중상주의는 오히려 엄청난 양의 금과 은의 확보가 중요하다고 보았다. 이 두 가지 주장은 특히 자연적으로 토지가 부족하기 때문에 한편으로 교역을 확대하면서 다른 한편으로 새로운 토지를 합병하고 정복하기로 결정한 나라에서 커다란 중요성을 가지게 되었는데, 그 나라는 바로 섬나라인 영국이었다.

영국은 해외 개척사업과 군사력의 유지에 필요한 재정을 충당하기 위해서 무엇보다 새로운 세원을 발굴해낼 필요성이 있었고, 바로 이러한 배경에서 17세기에 국가의 부와 그것의 원천을 증진시키려는 최초의 시도가 있었다. 이와 관련하여 윌리엄 페티와 그레고리 킹 같은 학자들은 처음으로 국가의 부를 증대시키는 데 있어 노동의 중요성을 역설하였다.(스투덴스키 1958 참조) 뒤이어 그들과 동시대인이었던 토마스 홉스는 노동을 인간들에게 풍요를 가져다

주는 "신성한 것"으로 묘사하였다. 그리고 그들의 스코틀랜드 출신 동료인 존 로크는 1690년에 재산을 노동을 통해 전유된 재화로 정당화하려고 시도하면서 다음과 같은 주장을 했다. 즉 노동이 없다면 토지는 그 자체로 거의 가치를 가지지 않으며 오직 노동을 통해서만 비로소 경작할 수 있는 토지가 생겨난다는 것이다. 로크(1690/1977)에 의하면 "일정 면적의 토지가 지니는 가치의 99.9퍼센트"는 노동에서 나온 것이다. 그리고 토지를 비옥하게 만들기 위해 최초로 노동을 투입한 자는 그 토지의 소유자로서의 권리를 가질 수 있다는 것이다. 여기서 간과할 수 없는 사실은 이러한 주장을 통해 로크가 당시 태어나면서 땅을 전혀 가지지 못했던 수많은 사람들이 열심히 노동해서 재산을 가질 수 있는 권리를, 특히 이른바 어느 누구의 소유도 아닌 '신대륙' 지역에서—적어도 이론적으로나마—인정했다는 점이다.

교환가치에서 노동가치로

이제 근대 경제학의 창시자인 아담 스미스에 와서는 바로 노동을 국부의 유일한 원천으로 간주하게 된다. 그의 유명한 저서인 『국부론』의 원제목, 즉 '국부의 본성과 원인에 관한 연구'(1776/1937)가 말해주듯이 그에게 무엇보다 중요한 관심사는 사회 전체의 부의 증대였지 각 경제주체들의 이윤의 원천을 규명하는 것이 아니었다. 따라서 그의 유명한 표현인 "보이지 않는 손"은 바로 이러한 점을 염

두에 두고 이해해야 한다. 즉 이것은 각 개별 행위자들의 의도와 노력의 저편에 있는 경제적 연관성을 규정하고 또 작동시키는 것을 의미한다. 스미스에 따르면, 일하는 각 개인들이 사회의 물질적 풍요를 위해 자신들의 풍요를 뒷전으로 하고 공동체의 복지를 증진시키기 때문이 아니라, 오히려 정반대로 각 개인들이 노골적으로 자신들의 고유한 이해와 욕구를 추구하다 보면 '보이지 않는 손'에 의해 모두를 위한 부는 증대되고 그 결과 공동체의 복지도 만들어진다는 것이다. 이러한 주장은 오늘날의 학문으로 보자면 스스로 조직화하는 질서의 출현으로 표현될 수 있을 것이다. 즉 이 질서는 각자 일하는 개인들과 경제주체들의 "불완전한 정보를 지닌"(제한적으로만 합리적인) 개별행위들이 모여서 만들어지는 것이다.

이러한 부의 원인을 규명하기 위해 스미스는 "생활에 필수적인 것들과 즐거움을 위한 것들"을 둘로 나누었는데, 하나는 국내에서 자신들의 노동에 의해 얻은 직접적 성과물로서의 재화와 서비스이고 다른 하나는 이러한 성과물들을 외국에서 판매할 수 있는 재화와 서비스이다. 여기서 그는 국민 경제의 번영에 있어서 무역과 시장이 가지는 중요성을 도출하기 위해 이미 아리스토텔레스가 시도했던 사용가치와 교환가치의 구분을 다시 이용하였다.

이와 관련하여 스미스는 대담한 주장을 내세웠다. 예를 들어 물은 두말할 필요 없이 높은 사용가치를 지니지만 적어도 자신의 고향인 스코틀랜드에서는 낮은 교환가치를 지니는 반면, 장식품으로서만 쓸모가 있는 사치재인 다이아몬드는 정반대로 일반적으로는 낮은 사용가치를 지니지만 매우 높은 교환가치를 지닌다는 것이다. 결론적으로 다이아몬드가 그렇게 높은 가격을 가지는 이유는 그것이 물과 달리 많은 노동력이 투입되어야만 채굴할 수 있고 또 시장에 가져올 수 있기 때문이라는 것이다. 따라서 스미스에 의하면 한 재화의 가격은 일차적으로는 시장 자체에 의해 결정되는 것이 아니라 그 재화의 생산에 들어간 *노동비용*에 의해 결정된다는 것이다. 사용가치뿐만 아니라 교환가치도 스미스에 따르면 교환되는 재화의 근저에 있는 노동에서—마르크스가 강조했듯이 현실의 노동시장에서 그 노동비용이 별로 고려되지 않을 경우에도—도출되어야만 한다. 스미스는 이러한 노동비용을 측정하는 근본적 기준으로 일정 시간 단위 동안 한 노동자가 생활하는 데 반드시 필요한 생활필수품의 가치를 사용할 것을 제안하였다.

앞으로 계속 보게 되겠지만, 이러한 대단한 결론을 가지고 스미스는 노동이 부를 증대시키는 측면에 주목하였고, 나아가 특히 *노동분업*이라는 현상에 관심을 집중하였다. 영국 남부의 핀 제조공장을 예로 들면서 그는 한 노동자가 더 이상 생산과정의 모든 단계를 연이어서 수행하지 않고, 여러 노동자가 각각 세분화된 생산단계에서 전문화되어 노동을 행할 경우 생산성이 얼마나 폭발적으로 증가하는지를 분명히 보여주었다.

공업

아담 스미스가 예로 들었던 핀 제조공장은 결코 특이한 사례가 아니었다. 그가 살았던 시기에 공업은 노동분업과 기계화로 인해 엄청나게 발전하고 있었다. 한편으로 매뉴팩처 단계에서의 경험들을 기반으로 점점 더 복잡해진 생산과정들이 한 기업으로 집약되었으며 이것은 결국 *공장*으로 조직화되었다. 다른 한편 수공업자들의 기술과 근대의 발명들은 더 효율적이며 기계화된 장치들, 자동장치들을 가능하게 했으며, 이것은 결국 인간들의 노동을 지원하고 나아가 점점 더 노동을 대체할 목적으로 기계들을 출현시켰다. 1712년에 최초의 증기기관이 광산에서 물을 퍼 올리기 위해 투입되었으며, 1785년에는 최초의 완전 자동화된 방직기계가 가동되었다. 이제 공장과 제조업에서의 노동은 수공업적 기업에서의 노동과 근본적으로 차원을 달리하기 시작하였다.

이러한 현상은 우선적으로 노동력 수요의 증대를 야기하였다. 공장과 기계는 매우 비쌌으며 따라서 이것들을 가능한 한 24시간 내내 가동시켜야만 이득이 되었기 때문에 교대로 많은 노동자가 투입되어야 운영이 가능했다. 이로 인해 생겨난 노동력 수요는 여러 사회적 변화를 야기하게 되었다. 이미 앞에서도 말했듯이 장자상속권과 경작지의 분절화는 많은 사람들로 하여금 생존의 문제를 걱정하게 만들었다. 게다가 유럽 사회의 인구 증가는 경작지의 문제를 가중시켰다. 많은 지역에서 증가하는 인구를 먹여 살리는 일이 점점 더 어려워졌다. 그리고 결국 유럽의 계몽주의 역시 이러한 변화에 영향을 미쳤는데, 특히 프랑스 혁명 이후에 더욱 그러했다. 혁명은 한편으로 농민들에게 '자유'를 주어 그들이 영주를 위해 부역을 하고 세금을 내야만 하는 의무로부터 벗어나게 했지만, 다른 한편으로는 동시에 그들의 생활기반을 종종 빼앗아 가버렸다. 왜냐하면 농부들은 이제 더 이상 경작지를 가질 수 없거나, 설령 가졌다 해도 영주들의 보호와 배려 없이는 제대로 농사를 지을 수 없었기 때문이다. 따라서 18, 19세기의 '농민해방'은 많은 지역에서 농민들의 생활기반의 박탈로 이어지고 그들은 곧 해외로 이주하는 경우가 아니라면 어쩔 수 없이 도시로 이사할 수밖에 없었으며, 도시에서 새로이 형성되는 공업에서 새로운 삶의 기회를 찾지 않으면 안 되었다.

이 새로운 공업은 노동력을 필요로 했지만 결코 노동력의 숙련성과 지식을 필요로 하지는 않았다. 복잡한 농업노동과 비교해볼 때, 즉 토양의 성질, 파종과 수확, 날씨와 기후의 변화, 가축의 관리와 사육, 창고관리와 농사계획 등 기타 많은 것에 관한 다양한 지식을 필요로 하는 농사에 비해 공업에서의 분절화된 노동과정은 아주 약간의 노하우만을 요구하였다. 노동력은 거의 마음만 먹으면 바로 투입될 수 있었고, 또 다시 다른 노동력으로 쉽게 대체할 수 있었다. 그리하여 공업노동은 곧 바보나 정신적으로 허약한 자가 하는 노동으로 간주되었다. 이런 식의 생존 보장에 대해 처음부터 완전히 괜찮다고 생각한 사람은 거의 없었다.

근면과 나태

하지만 공업노동은 근면industria을 요구하였다. 비싼 기계와 장비들은 쉬지 않고 돌아가야만 했고, 일단 시작된 생산은—뒤에서 보겠지만—계속해서 생산을 가속화할 것을 요구하였다. 하지만 처음에는 근면에 대한 요구를 받아들이는 사람은 거의 없었다. 오히려 정반대였다. 농촌에서 새로이 이주한 노동자들은, 이미 수세기 동안 생존을 위해 유지해 왔던, 일목요연하고 명백한 시간 일정을 따르는 노동 형태와 경제 형태에 익숙해 있었다. 게다가 매우 추상적인 결과물, 즉 화폐 임금을 받긴 하는데 이를 얼마나 받아야 할지 잘 모르는 그들에게 규칙적인 노동일은 매우 낯선 것이었다. 따라서 산업화의 초기에는 노동자가 이삼일 동안 공장에서 일하고 나서 돈을 충분히 벌었다는 생각이 들면, 우선 돈을 써버리고 다시 일을 하거나 아니면 아예 농촌에 남아 있는 그들의 가족에게로 돌아가버리는 일이 흔했다. 고용주의 입장에서 이는 생산과정의 중단으로 인한 비용의 발생을 야기하는 것이었고 나아가 기업의 생존 자체를 위협하는 것이었다. 결국 바로 이 지점에서 문제를 바라보는 고용주와 피고용인 간의 시각의 차이가 생겨났고 이는 이후에도 지속되었다.

이외에도 노동력 수요의 증가는 일단의 인구집단들에 대해 주목하게 만들었다. 그들은 그때까지 기독교에 의해 비록 그 처지가 불쌍하기는 하지만 영혼의 구제를 기다리며 또 보장 받은 사회집단으로 간주되던 사람들이었다. 이제 기업가들은 그때까지 일자리 없이 자선에 의해 살아가던 빈민들을 잠재적인 노동력으로 보기 시작했다. 즉 그들도 생산활동에 한몫을 해야만 한다는 것이었다.

물론 빈민들은 이러한 주장을 바로 받아들이지 않았다. 교회와 기타 다른 사회기관들은 이제까지 그들을 돌봐주었다. 공장에서의 야만적이고 존경 받기 힘든 노동이 그들에게는 그다지 끌리지 않았다. 만약에 일을 한다 해도 그러한 노동은 일시적인 소득원Job으로서 쓸모가 있을 뿐이지 자신이 헌신할 수 있는 직업은 결코 아니었던 것이다. 따라서 농사의 터전을 잃고 어쩔 수 없이 노동자가 된 사람들의 생각과 마찬가지로 빈민들의 생각 역시 기업가들의 생각과 대립하게 되었다. 그리고 기업가들이 일을 하려 하지 않는 빈민들을 '게으른 자' 그리고 자신의 운명에 '스스로 책임을 져야 하는 자'라고 비난하기 시작하면서 이러한 대립은 더욱 커져갔다.

'산업예비군'

이렇게 빈곤과 나태를 연결 짓는 사례는 과거에도 있었다.(물론 기독교에서 7대 죄악 중 하나로 나태를 언급한 사실 역시 빼놓을 수 없다.) 이미 1516년에 나온 토마스 모어의 저작 『유토피아』에서는 게으름뱅이처럼 빈둥거리며 타인의 노동으로 먹고사는 퇴폐적인 귀족들을 보면 "모든 가능한 병을 핑계 대며 일할 수 없다고 말하는" "힘 있고 건강한 거지들"조차도 혀를 내두를 것이라고 쓰여 있다.(웩슬레 2000, 78 재인용) 이와 유사한 사례들은 산업시대 초기의 많은 저작들에서도 발견된다. 예를 들어 인구문제 이론가인 토마스 로버트 맬서스는 영국의 국가 차원의 빈곤정책에 반대하면서 만약에 빈민들이 고통과 두려움으로부터 해방된다면 더 이상 힘들게 그리고 부지런히 일하지 않을 것이고, 그 결과 그들의 아이들은 굶게 될 것이라고 우려하였다. 나아가 영국의 청교도 토마스 칼라일(1866/1936)은 일하는 자들이 "이기심과 게으름이라는 숙적"에 맞서 전쟁을 벌일 것을 주장하고 "일을 하지 않는 자는 우리들이 사는 태양계에서는 살기에 적합하지 않기에 다른 어딘가에 있는 게으름뱅이들만이 사는 행성이라도 찾아야만 할" 날이 올 것이라고 말했다. 프랑스의 민주주의 이론가인 알렉시스 드 토크빌은 국가의 빈곤 구휼에 반대하면서 다음과 같은 논리를 폈다. 즉 인간들은 "천성적으로 게으른 경향"을 가지고 있기 때문에 이러한 정책은 스스로 자조하려는 노동능력이 있는 빈민들의 의욕을 감소시킨다는 것이다. 하지만 미래를 내다보기라도 하듯이, 그는 "억울하게 불행을 당한 빈자와 나쁜 행실로 인해 불행을 자초한 빈자"를 *정확하게* 구분하는 것은 행정적으로 엄청나게 많은 비용과 시간이 들 수 있다고 확실히 말하였다.(토크빌 1835/2008, 26) 그리고 마침내 마르크스는 궁핍한 천민집단을 "활동적인 노동역군들의 부상자수용소이고 산업예비군들 중 몰락한 부분"으로 표현하였다.(마르크스 1867/1968, 673)

그런데 이념적으로 볼 때, 이러한 사고의 전환, 즉 공업시대가 전개되고 나태에 반대하는 논쟁이 증가하면서 동시에 '근면한 자'가 환영 받아야 한다는 생각은 이미 공업화가 시작되기 오래전부터 나타났는데, 이것은 특히 새로운 노동 형태에 아주 효과적이고 규범적인 족쇄를 제공했던 사회 변화에 의해 촉발되었다. 즉 종교개혁으로 인해 이제 막 떠오르는 자본주의는 그 기반을 다지게 된다.

프로테스탄트적 노동윤리와 자본주의 정신

1517년 마르틴 루터의 95개 테제의 발표로 촉발된 종교개혁은 가톨릭 노동윤리로 인해 더욱 심해진 빈부 간의 격차, 즉 부자들, 점점 타락한 교회와 대다수의 상대적으로 가난한 민중 간의 격차에 대해 반발하면서 나타난 것이다. 교회는 모든 신자들을 배려해야 한다는 그들의 사명을 점점 더 외면했었다. 보다 높은 성직에 오르기 위해 매관매직, 족벌주의를 마다하지 않았던 성직자들에 대해 세상의 평판은 매우 나빴다. 그들은 신자들에 관심을 기울이기 보다는 안락하고 정치적으로 영향력 있는 자리를 추구했으며 이를 위해 많은 돈을 썼는데, 이 돈은 세금을 통해 거둔 것이었다. 마르틴 루터는 기독교 신앙이 본래의 정신으로 돌아가야 한다고 주장하면서 동시에 노동에 대해 새로운 해석을 시도했는데, 이는 나중에 산업시대의 발전에서 아주 중요한 역할을 하게 되었다. 그의 해석의 핵심은 성직자들의 사변적 삶이라는 개념에 대한 비판이었는데, 이 개념은 특히 토마스 아퀴나스가 강조한 것이었다. 루터는 이러한 활동은 단지 이기적이고 게으른 활동일 뿐이라고 혹평하고 이는 신이 우리에게 부여한 노동의 의무를 손상시키는 것이라 주장하였다. 그런데 그가 강조한 것은 가톨릭 사제들의 실제 생활방식에 대한 비판만이 아니었다. 그는 동시에 활동적 삶, 즉 세속적이며 무언가를 만들어내는 창조적인 활동을 새로운 시각으로 바라볼 것을 주문하였다. 그의 주장을 통해 이제 노동은 기독교인의 삶에 있어서 도덕적으로 신의 의무를 수행하는 것이 되었으며,

이러한 생각은 신분제적 경제질서와 사회질서의 근간이 되었다. 신의 명령을 위임 받은 것으로 해석된 노동은 이제 소명Berufung 그리고 나중에 직업노동Berufsarbeit*의 토대가 될 수 있었다. 직업노동은 독특한 직업윤리에 의해 수행되었는데, 그것은 특히 칼뱅주의적 예정설의 근면윤리에 잘 나타나 있다. 이 윤리에 따르면 신자들이 쉬지 않고 열심히 자신의 직업노동을 수행한다면, 그는 사후에 천당에 들어갈 보증을 미리 받을 수 있다. 이로써 양면적이었던 기독교의 노동 개념은 노동의 부정적 의미를 없앨 수 있게 되었다. 현세에서 열심히 일하면서 신이 부여한 의무를 다하고 또 동시에 세속적 쾌락을 거부하는 금욕적 삶을 추구해야 한다는 주장은 자본주의 경제가 근대에 계속 발전할 수 있는 근본적 토대를 만들어주었다. 직업의무, 현세에서의 금욕, 구원에의 확신, 신의 선택을 받는 은총 등의 개념을 후에 막스 베버(1920/1978)는 자본주의 형성기 자본주의 정신을 구성한 중요한 종교사회학적 요소들이라고 강조하였다. 프로테스탄트적 노동윤리의 목적지향적인 '직업성과 전문성'이 강조되는 가운데 자본주의 정신은 이제 자신의 시대가 도래하였음을 알렸다. 이제 이런 세상에서 '게으름'은 결코 용납될 수 없었다.

* 독일어 단어 Beruf는 직업이라는 뜻인데, 이것은 Berufung(소명)에서 유래한 것이다. 즉 소명은 '신이 인간에게 부여한 사명'이라는 의미이며, 영어로는 calling이 이에 해당한다.

초기 공업시대의 노동 강요와 노동 유인

노동에 대한 여러 긍정적 견해는 비로소 많은 조치들의 상호작용 속에서 확산되어 갔는데, 이 조치들은 결국 새로운 기업가들로 하여금 공장에 안정적인 노동력을 공급할 수 있는 주도권을 가지게 하였다.

게으름 또는 이와 비슷한 것들을 결코 용인할 수 없는 것으로 분명히 낙인찍을 목적으로—영국에서는 1600년경의 *빈민법*의 일환으로, 프랑스에서는 1656년 강제수용소maisons de force 같은 형태로—강제노동작업소가 설치되었다. 여기서 규칙을 준수해야 하는 수용자들은 외부세계로부터 격리되었고 그들의 일부 권리들을 박탈당했으며, 그곳의 일에 적응하기 위해 때론 고통스럽고 황당한 수칙을 감수해야만 했다. 17세기 암스테르담의 구빈원에서는 일을 안 하려는 사람들을 지하감옥에 가둔 다음 그곳으로 물을 흘려보내, 만약 그들이 장비를 사용하여 물을 퍼내지 않으면 불과 몇 시간 내에 물이 넘쳐 익사할 수 있도록 하였다. 그 당시 고아원이 생겨났는데, 여기서도 아이들을 나중에 매뉴팩처나 광산에서 노동할 수 있도록 미리 훈련을 시켰다. 독일어 단어 노동Arbeit은 슬라브어의 robota와 비슷한데, 이 말은 원래 고아들의 노동에서 유래한 것으로 알려져 있다. 이 사실만 보더라도 당시 아이들은 오늘날의 의미에서의 어린이가 아니라 오히려 '작은 노동력'으로 간주되었다는 것을 알 수 있다.

처벌과 교육의 기능을 함께 했던 이러한 시설들은 동시에 빈민구제의 역할과 노동력의 행정적 관리 역할도 담당하였다. 그리하여 강제노동작업소는 복지관청이나 노동관청의 전신이 되었다. 이로써 대규모 빈곤으로 인한 사회 해체의 위험성을 어느 정도 통제할 수 있었다. 예를 들어 국가의 행정에 큰 골칫거리였던 중세시대의 부랑인들은 서서히 자취를 감추게 되었다. 또 일하지 않는 빈민들, 즉 천민들pauper도 기업가들이 원하는 노동력 자원이 되었으며, 만약에 이들이 임금과 노동조건을 둘러싼 협상과정에서 많은 요구를 하면 기업가들은 이들을 손쉽게 당국에 고발할 수 있었다. 기업가의 의지에 따르지 않는 노동자는 쉽게 다른 사람으로 대체되었다.

하지만 기업가들에게 안정적으로 노동력을 공급하기 위해서는, 그리고 이를 통해 공업노동을 오늘날 우리에게 친숙한 형태로 정착시키기 위해서는 공장 주변에 집단 거주지를 만드는 일이 필요했다. 이곳에는 농촌에서 삶의 터전을 잃어버린 노동자들이 살았는데, 이들은 처음에는 공장의 사이렌 소리, 나중에는 특별히 고용된 '잠 깨우는 직원들'에 의해 필요할 때마다 일하러 나와야만 했다. 이 거주지의 생활조건은 아주 악명이 높을 정도로 열악했고, 숙소는 천막 또는 간단한 가건물인 경우도 적지 않았다. 또 고용주들은 노동자들이 쉽게 이동하기 어려운 점을 자주 이용하면서 집단 거주지에 가게들을 열어, 그곳에서 노동자들이 임금 대신 지급 받은 교환권으로 물건들을 사게 만들었다. 이와 관련된 수많은 유명한 묘사들은 노동자 거주지가 얼마나 비인간적인 환경이었는가를 잘 보여주고 있으며, 나아가 공업노동 자체에 대한 통념을 굳히고 오늘날까지도 그곳은 감성적으로 음울한 사회적 장소라

는 느낌을 갖게 한다.(특히 엥겔스 1845/1968, 아벤트로트 1965 참조)

하지만 새로운 노동 형태를 정착시키기 위한 긍정적인 자극들도 있었다는 사실을 간과해서는 안 될 것이다. 이미 중세시대의 "도시의 공기는 우리를 자유롭게 한다."는 말은 봉건제 농업에서의 답답했던 사회 상황에 맞서서 도시로 이주하여 영주가 부과한 멍에로부터 벗어나 자신의 삶을 스스로 꾸려나갈 수 있다는 희망을 표현하는 것이었다. 마찬가지로 산업화도 농촌에서 살던 시절에는 전혀 누릴 수 없었던 자유들을 약속하는 것처럼 보였다. 특히 임금을 화폐로 지급함으로써 이 돈을 어디에 쓸지는 미리 결정되지 않았고 따라서 소비의 자유가 생겨났다.

당시 모든 기업주가 일을 혹사시키는 '착취적인 자본가'는 아니었다. 사회적 기여에 관심을 두었던 기업주들은 일찍이 노동자들을 위해 학교와 목욕탕을 세웠으며, 의료적 보살핌과 위생에 관한 계몽 활동을 하였다. 한편 박애주의 정신을 가졌던 일부 대기업가들은 공연장, 도서관, 회관을 짓기도 하였다. 이러한 장소들은 노동자들의 만남과 정보의 교환 장소 역할을 하면서 기존의 많은 음식점과 술집 들의 역할을 보완하였으며, 나중에 노동운동의 형성기에는 중요한 정보센터의 역할을 종종 하였다.

하지만 장기적 관점에서 볼 때 노동자를 위한 이러한 배려들 중 어느 것도 공업노동 자체가 만들어낸 자극에 비하면 새로운 노동 형태의 정착에 효과적으로 기여했다고 볼 수는 없다. 즉 어마어마한 생산성의 증대는 생활필수품의 가격을 큰 폭으로 낮추었고 또 기술적 진보와 더불어 *대량생산* 그리고 그에 따른 *대량소비*를 가능하게 만들었다. 이러한 엄청난 성장 덕택으로 새로운 노동 형태는, 그것이 가지는 분명한 부정적 측면이 있음에도 불구하고, 비교적 짧은 기간 내에 전 세계로 확산되어 현대 노동의 전형이 될 수 있었다.

제5장

생산적 노동과 자본주의적 생산양식

이 장에서는 '생산적 노동' 개념과 그것이 자본주의적 생산양식에서 가지는 의의를 다룬다. 공업시대에 생산성이 증가하게 된 전제조건들 그리고 공업노동을 새로운 노동 형태로 정착시키기 위한 역사적 노력에서 다양한 사회문제들이 가졌던 의의와 그 영향에 대해서도 설명할 것이다. 또 자본주의적 생산양식의 특징과 이에 대한 마르크스의 해석을 살펴본다. 노동가치론에 대한 비판적 검토를 할 것이며, 노동운동과 노동조합의 역사에서 중요한 측면들 그리고 사회주의에서 노동의 일부 특징들에 관해서도 설명할 것이다.

자동화

공업화의 결정적 영향 중 하나로 보통 노동생산성과 경제생산성의 급격한 증가를 들고 있는데, 이는 근본적으로 두 가지 원인이 있다. 하나는 이미 언급했던 체계적인 노동분업이고 다른 하나는 기계사용의 증가, 즉 노동의 자동화이다.

인간의 노동을 지원하고 또 효율화하기 위한 노동도구와 기계적 장치들은 근대의 새로운 발명품들이 아니다. 이미 기원전 1200

년경 메소포타미아에서는 노동의 고통을 줄이기 위해 최초의 물 긷는 양수기가 사용되었다. 또 유럽에서는 최초의 물레방아가 로마인들에 의해 만들어졌다고 한다. 이렇게 오래전부터 일찍이 투입했던 기술techné, 즉 뛰어난 기술 숙련성은 근대부터 오늘날의 의미에서의 기술Technik과 결합하여 노동생산성을 증대시켰다. 하지만 특히 중세시대의 수공업 기술과 제조업의 발전으로 인해 기계장치에 대한 관심이 증가하였고 이는 더욱 효율적인 기계의 제작과 투입을 촉진하였다. 이러한 발전 속에서 노동도구는 점점 더 기계화과정으로 편입되었고 결국 이를 통해 매뉴팩처는 공업시대의 공장으로 발전하게 되었다. 이제 '살아 있는 노동', 즉 인간의 노동력 자체는 공장에서 전면에 나서지 않고, 그 대신 *노동수단*, 즉 결합된 기계들, 도구와 테크놀로지가 전면에 나서게 되었다.

이러한 발전과정에서 중요한 진전은, 칼 마르크스가 동력전달 벨트를 예로 들면서 우리에게 생생하게 보여주었듯이, 여러 기계들을 하나의 '기계시스템'으로 조합하는 것이었다. 따라서 이제 각개의 고립된 기계들이 아니라, 여러 개의 서로 보완하는 기계들에 의한 생산이 가능하게 되었다. 각자의 부분 노동과정들은 하나의 일반적 생산과정으로 합쳐지고, 이 생산과정은 그 자체로 전체적 관점에서 계획되고 조직화되어야만 했다. 공장의 내부공간은 그러한 전체 생산과정이 최적화될 수 있도록 설계되었고, 더 이상 각 개별 노동자들이 따로 일하는 작업 공간이 아니었다. 이러한 발전의 정점은 20세기 초 포드 자동차 공장에서 적용한 컨베이어 벨트의 도입이었다.

무엇보다 중요했던 것은 기계의 투입으로 인해 특히 기계 자체를 더욱 효율적으로 제작할 수 있었다는 사실이다. 기계의 부속품들, 즉 톱니바퀴, 벨트, 지렛대 등을 기계를 통해 만들어내기 시작하면서 기계의 수는 급속하게 증가하였다. 그리고 이러한 사실이 노동행위에 불가피하게 부여한 규칙성과 동일성은 증대하는 생산성을 한편으로 *계산가능하게* 그리고 다른 한편으로는 *예측가능하게* 만들었다. 이제 생산성은 산업노동의 핵심 목표가 되었다.

노동에 대한 상이한 시각들

경제에서 생산성은 투입input 대비 산출output의 긍정적 관계를 표현한다. 만약에 어떤 노동이 그것을 수행하기 위해 투입된 것보다 더 많은 것을 산출하면 그 노동은 생산적인 것으로 간주된다. 그런데 이러한 정의가 가지는 문제 중 하나는 생산과정에 포함된 많은 요소들의 중요성에 대해 모든 관계자들이 동일하게 생각하지 않는다는 사실이다.

이에 관한 한 가지 예가 바로 인간의 노동력이다. 이것은 근본적으로 동식물성 식료품을 통해 재생산되는데, 이 식료품들은 전통적인 농업사회에서는 특히 태양에너지에 기초한 원료들로부터 생겨난 것들이다. 농업사회의 인간들에게 있어 이러한 생활필수품들은 전반적으로 그들의 *생존기간 동안* 재생산되었다. 하지만 이와 반대로 기계와 함께하는 노동 그리고 일반적인 공업노동은 *화석*

연료, 즉 일단 그것의 재생은 물론 또 고갈도 쉽게 관찰할 수 없는 에너지 형태에 기반하고 있다. 석탄, 석유, 천연가스 그리고 광석과 기타 원료들은 수백만 년은 아니라 하더라도 수십만 년의 재생주기를 가지고 있다. 게다가 그것의 매장량과 채굴에 대한 지식은 아주 소규모의 전문가 집단만이 가지고 있다. 그것의 점차적인 고갈은 물론 그것의 재생은 대부분 사람들이 인지할 수 있는 영역 바깥에 있다. 그것들의 중요성과 가치는 손쉽게 보이지 않는다.

이러한 차이는 사회적 차원에서도 일어난다. 잠깐 석기시대의 수렵꾼을 떠올려 보자. 그들은 원칙적으로 가능한 한 효율적인 수렵을 통해 자신들의 수입을 보장하려는 것 말고는 다른 일을 하려 하지 않았다. 스스로 용기를 북돋기 위해 그들은 사냥 의식을 거행하였는데, 그 의식들은 시간이 흐르면서 중요하고 친숙한 *문화*가 되었고, 또 그 의식을 주관하는 사제 같은 일부 사회구성원들이 구분되게 되었다. 물론 사제들이 행하는 '문화적 노동'은 수렵꾼의 노동과 다르다. 사제의 입장에서는 자신들의 노동의 투입과 산출이 수렵꾼과는 다른 기준에 의해 매겨지게 된다. 따라서 우리는, 시간이 지나면서 사회의 자원을 우선적으로 어디에 사용해야 할 것인가를 둘러싼 논란이 불붙게 되고 양측은 각자의 노동이 더 중요한 것이라고 우기게 되는 상황을 쉽게 상상할 수 있다.

이런 식의 논란은 전문화된 노동이 불가피하게 그 노동에 대한 *인식의 차이*를 가져오는 현대적 환경에서도 여전히 갈등의 계기가 된다. 이미 고대 그리스에서는 자유 시민의 노동을 중요한 생산성 투입요소로 간주하였지만, 노예노동은 그보다 훨씬 못한 것으로 생각했다. 불과 얼마 전까지만 해도 유럽에서 여성노동이 남성노동과 같은 의미의 중요한 투입으로 간주된 적은 한 번도 없었다. *국민경제적 총계*, 즉 한 사회의 총생산에 대한 통계적 계산(예를 들어 GDP)에서 가사노동은 예나 지금이나 아주 부차적으로만 언급되고 있다. 그리고 많은 사회들에서 지금까지도 여성노동을 경제적으로 낮게 평가하는 법률들이 존재하고 있다. 따라서 우리는 우리가 스스로 하지 않는 노동의 중요성과 생산성을 평가하는 데 있어서 많은 문제들을 분명히 가지고 있다. 이러한 사실은 한편으로 노동생산물과 노동서비스를 교환하는 데 어려움을 야기하고, 다른 한편으로는 사회통합적인 노동의 조직화라는 관점에서 볼 때 많은 문제를 낳는다. 여기서 근본원칙이 중요하다. 한 사회가 사회구성원들에게 더욱 더 많은 전문화를 가능하게 하면 할수록, 그 사회는 그만큼 더 전문화로 생겨난, 가치를 둘러싼 다양한 시각들과 인식의 *통합*에 노력해야만 한다.(특히 뒤르켐 1893/1988, 루만 1997) 농업사회에서는 이러한 노력의 대부분을 주로 종교가 수행하였지만, 공업사회에서는 이러한 노력의 일정 부분을 철학이 떠맡게 되었다.

철학적 작업

이와 관련하여 유럽에서 가장 영향력 있는 개념 중 하나는 게오르크 빌헬름 프리드리히 헤겔의 역사철학에 있다. 이를 통해 19세기 초 공업노동과 더불어 점점 심각해지는 사회적 계층화의 문제가 쟁점으로 떠올랐다. 헤겔은 자신이 살던 시대의 사회적 상황을 특히 서로 다른 계층으로 표현하면서, 권력을 가지고 다른 사람에게 일을 시키는 '주인' 계층과 명령에 따라 이러한 일을 해야만 하는 '노예' 계층을 대립시켰다. 그에 의하면 역사적 발전 속에서 '주인들'은 분명히 특권적 지위를 향유하면서 스스로는 노동을 해서는 안 되고, 단지 *소비*만 하면서 한가하게 지낼 수 있게 되었다. 이러한 사실은 특히 프랑스 혁명 이후 명백하게 부각되었다. 물론 '주인'들의 이러한 행위에는—왜냐하면 그들은 *오로지* 소비만 하면서 세상의 사물들을 사라지게 만들기 때문에, 즉 세상과 오로지 '파괴적'으로만 관계하기 때문에—노동의 두 번째이면서 본질적인 계기, 즉 재화와 가치를 산출하고 또 창조적으로 만드는 행위가 결여되어 있다. 그러므로 주인의 행위는, 이미 아담 스미스가 파악했던 것과 유사하게, 헤겔에 있어서도 기본적으로 '비생산적'인 것이다.

이에 반해 '노예'들은 세상을 *가공한다*. 물론 그들도 생존하기 위해서는 소비를 해야만 한다. 하지만 이를 넘어서 그들은 자신들의 노동을 통해 세상이 독립적인 존재라는 것을 인식론적으로 깨닫게 된다. 세상은 그들에게 맞서 있으며 그들의 노동 속에서 힘들게 극복해야만 하는 객체Objekt가 된다. 이 객체에 맞서서 노동하는 자들은 스스로를 주체로 인지하고, 즉 헤겔이 말했듯이, 주체Subjekt로서의 존재를 자각하고 점차적으로 자신이 독립적이라는 의식, 다시 말해 자의식Selbstbewusstsein을 발전시키게 된다. "독자적 의식의 진리는 따라서 노예적 의식이다."라고 헤겔은 말하면서 (1807/1970, 152) 그가 살았던 시대에 다음과 같은 메시지를 전했다. 즉

"한가하게 지내는 주인" 계층, 즉 사회적 상위계층이 *아닌* '노예' 계층, 즉 *노동자* 계층이야말로 올바르고 "역사적으로 진정한" 계층이다. "파괴적이며" 단지 소비만 하면서 빈둥거리는 자가 아닌, 노동하면서 활동적인 인간이 역사적으로 정당한 권리를 가진다. 후자가 행하는 것만이 진정으로 "생산적인 것"으로 간주될 수 있다.

이러한 시각을 칼 마르크스는 매우 중요하게 이어받았다. 하지만 그는 연구를 하면서 처음에는 매우 추상적인 노동 개념으로부터 출발했다.(1867/1968, 192 참조) 그는 노동을 인간 생활의 생산과 재생산을 위해서는 반드시 있어야 하는 "영원한 자연적 필연성"으로 파악했으며, 이를 근거로 생산성을 무조건 절대적인 것으로 간주하는 시도를 "부르주아적 편협성"이라 표현했다.(1863/1968, 369) 그런데 이렇게 생산성을 절대시하는 관점에서는 노동이 *그것을 수행하는 사람에게* 어떤 목적이라도 충족시키기만 하면 *생산적*이 된다. 따라서 노동은 보는 사람에 따라 한편으로는 생산적일 수도 있고 다른 한편으로는 비생산적일 수 있다. 이것을 마르크스는 아주 뛰어난 문장력으로 범죄자의 예를 들어 설명했는데, 범죄자는 범죄를 저지른 것 외에도 형법 그리고 나아가 형법을 가르치는 교수를 만들어내고, 따라서 *바로 이러한 의미*에서는 사회를 위해 "생산적인" 노동을 행한다는 것이다.

마르크스가 보기에 생산성에 대한 이렇게 안일한 시각은 이러한 형태의 노동이 현실에서는 결코 존재하지 않는다는 상황을 감안할 때 분명 잘못된 것이다. 노동은 항상 그리고 불가피하게 사회적, 역사적 조건 내에서 이루어진다. 노동은 결코 탈역사적이거나 탈사회적일 수 없다. 노동은 항상 *이전의* 노동작업과 사회의 *다른* 구성원들의 작업을 통해서 만들어진 조건들에 의해 큰 영향을 받는다. 이렇게 볼 때 생산성의 문제 역시 우리가 고찰하고자 하는 각각의 생산양식에 따라 달라질 수밖에 없다. 그러므로 마르크스는 자신의 노동 개념을 보다 구체화하기 위해 우선적으로 *자본주의* 생산양식을 연구하기 시작하였다.

자본주의적 생산양식

자본주의에서 사회적 생산의 중요한 부분들은 더 이상 '직접적' 노동이 아닌, '응결된 노동', 즉 *자본*의 사용을 통해 이루어진다. 자본은 이전 노동의 생산물과 결과물 들이 소비되지 않고 이후의 노동을 위한 조건으로 다시 투입되기 때문에 생겨난다. 따라서 자본주의에서는 비록 많은 활동들이 무엇보다 소비의 진작을 목적으로 하지만, 상당부분 당장의 *소비를 포기*하는 것을 높게 평가한다. 비활동적이고 단지 소비만 하는 게으른 자들은 '비자본주의적'이며 따라서 '비생산적'으로 행동하는 것이 된다.

자본주의적 선행 작업은 본질적으로 두 개의 형태로 표현된다. 하나는 '불변 자본konstantes Kapital'의 형태로서 노동도구, 기계, 원료, 건물 등이 이에 속한다. 이것들은 생산에 일정한 역할을 하는데 경제적으로는 비용Kosten으로 표현된다. 다른 하나는 '가변 자본variables Kapital'의 형태로서 노동력을 의미하며 경제적으로는 임금Lohn으로 표현된다. 비용과 임금은 다시 화폐 형태로 나타난다. 불변자본과 가변자본은 자본가에게 있어서 제대로 투자한다면 기업가의 이윤을 산출할 수 있는 투입을 의미한다.

마르크스가 보기에 이러한 이윤은 자본가가 역사적으로 유리한 상황—즉 그가 '산업예비군'과 노동력의 과잉공급을 이용할 수 있는 환경—에서 그가 임금으로 지불하는 가치보다 높은 가치를 지닌 노동력을 대량으로 투입할 수 있기 때문에 생겨난다. 물론 마르크스에 따르면 자본가는 결코 사기꾼이 아니다. 자본가는 일반적으로 노동력의 가치, 즉 노동력의 실제적 유지비용에 해당하는 임금을 지불한다. 하지만 그는 역사적으로 유리한 상황에서 이러한 노동력을 그 가치에 상응하는 시간을 초과하여 일을 시킬 수 있다. 그리고 그는 이러한 초과 시간 속에서 노동의 생산물에 덧붙여진 가치, 즉 잉여가치Mehrwert를 전유할 수 있다. 따라서 쉽게 상상할 수 있듯이, 자본가는 자기가 투자한 노동력의 임금을 그 노동력이 생산과정에서 어떤 물건에 덧붙인 가치총량보다 낮은 수준으로 효과적으로 유지할 수 있다. 자본가는 노동자가 자신의 노동을 통해 어떤 생산물에 추가한 잉여가치를 가져갈 수 있다. 그는 노동자를 "착취한다". 따라서 마르크스에게 있어 자본주의는 착취관계이다. 그리고 이러한 착취관계는 불공정성이 노골적으로 드러나는 노예제 사회나 봉건주의 하의 착취관계와는 비록 다르지만, 바로 그 점으로 인해 자본주의가 더 위험하고 비열하다. 왜냐하면 자본주의는 임노동관계라는 합법성의 뒤에서 자행되는 착취를 '은폐하고' 노동자들로 하여금 임노동관계가 자신들이 스스로 동의

한 조건들이라는 잘못된 생각을 하게 만들기 때문이다.

이러한 착취관계를 드러내기 위해서는—여기서 마르크스는 헤겔에 의지한다—노동자들의 자각이 필요하다. 그들이 헤겔의 구상처럼 이러한 자각을 실제로 스스로 하는지, 아니면 마르크스의 주장대로 철학에 의해 또는 레닌의 경우처럼 전위당에 의해 지원을 받는지는 별로 중요하지 않다. 노동자들이 그들이 처한 사회적 상황과 이와 관련된 불공정성을 인식하고 '프롤레타리아 혁명'을 통해 기존의 사회적 관계들을 무너뜨리기 위해서는 '계급의식'이 필요하다.

가치문제

'은폐된 자본주의적 착취관계'라는 생각은 전혀 문제가 없다고는 할 수 없는 하나의 가정에 근거하고 있는데, 이것은 마르크스가 아담 스미스로부터 배운 것이다. 이른바 자본가가 가져간다는 잉여가치가 노동을 통해 창출된 생산물의 실제로 지불되지 않은 가치 부분이라는 점을 분명히 밝히기 위해서는 생산과정에 투입된 모든 가치들을 계산할 수 있는 하나의 기본가치가 필요하다. 아담 스미스는 노동력 유지비용의 가치를 그러한 기본가치로 간주했다. 그에 의하면 물이나 다이아몬드 같은 재화의 가치는 이러한 재화를 생산하는 데 또는 경우에 따라서는 시장에까지 가져오는 데 사용된 노동의 가치를 통해 결정된다. 그리고 노동 그 자체의 가치는 평균적인 노동력이 생존하는 데 필요한 필수품의 가치로 규정된다.

이러한 *노동가치론*은 마르크스에게도 자신의 이론을 펼치는 배경이 되었다. 물론 그는 노동력의 유지비용이 노동력이 살고 있는, 역사적으로 주어진 환경에 따라 다르게 나타난다는 사실을 간과하지 않았다. 수렵, 채취사회에서 노동력의 재생산 비용은 현대 소비사회에서 재생산 비용과는 근본적으로 차이가 난다. 후자의 사회에서는 자동차, 휴대폰, 컴퓨터가 사치품이 아니고 오히려 생활하고 일하는 데 당연히 있어야만 하는 물건들이다. 따라서 마르크스는 고민 속에서 오히려 아리스토텔레스가 어떻게 화폐를 결정적인 가치척도로 보았는가 하는 문제로 관심을 옮겼다. 하지만 마르크스의 후예들, 특히 사회주의 이론가들은 현실정치적 효과를 기대하면서 오랜 동안 재화와 서비스의 가치—즉 *가격*과 *임금*—를 그것을 만들어내는 데 필요한 노동으로 규정하려 하였다. 그리하여 그들은 자본주의에서 노동자들은 자신들이 만든 가치의 일부, 즉 잉여가치도 가져야 하지만, 부당하게도 이를 가질 수 없다는 것이 확실하다고 생각하였다. 따라서 역사적인 "계급의 적"인 자본가의 재산은 몰수되어야 하고 생산수단은 재분배되어야 한다는 것이다.

이러한 관점이 가지는 문제는 과거 동유럽 사회주의 진영에서의 사회주의적 가격, 임금정책 그리고 그로부터 연유한 경제적 실패에서 분명히 드러났다. 예를 들어 한 노동력의 최소 유지비용을 실제로 확정할 수 있다고 가정해도, 마르크스 자신이 보여주었듯이, '불변 자본'도 '가변 자본'도 그 기본가치가 얼마인지는 바로 알 수가 없다. 이미 생산에 사용된 기계, 원료, 건물 등에 얼마나 많은 노동이 투입되었는지는 분명히 알 수가 없다. 컴퓨터를 개발하고 생산하는 데 얼마나 많은 노동시간이 투입되었는지 누가 세세히 계산할 수 있겠는가. 즉 조지 불의 대수학부터 시작해서 프로세서, 칩, 하드디스크, 마더보드 등에 들어간 수많은 원재료들, 그리고 마지막으로 컴퓨터를 발명하고 구성하느라 생각하고 고민한 데 들어간 노동시간들을 정확히 계산할 수는 없다. 따라서 컴퓨터를 만드는 데 이미 투입된 노동의 총량을 정확히 계산하는 것은 전적으로 불가능하며 또 모든 가치들이 화폐 형태로 환산된다는 점, 즉 이미 비교하기 힘든 것을 인위적으로 서로 등치시키고 여기서도 생산외적인 요소들(무역 등)에 의한 화폐가치의 증감 같은, 수많은 가변적 요소들이 작용한다는 사실을 고려할 때는 더욱 더 계산이 불가능하다. 게다가 임금이 실제로는 서로 노동능력이 다른 사람들에게도 포괄적으로 동일하게 지불된다는 사실 그리고 마지막으로 노동력 자체는 다른 상품이나 재화와는 달리 구체적인 비용/편익의 계산이라는 관점에서는—물론 이런 식의 사고는 특히 사회주의 국가들에서 종종 행해지기는 했지만—결코 생산될 수 없다는 사실을 생각해야만 한다.

이러한 모든 사실들을 감안할 때, 과연 자본주의 하의 노동자가 자신의 노동생산물의 일부를 '사기당하고' 있는지를 분명히 결정할 수 있는가 하는 문제와 관련하여 오늘날의 시각에서 확실한 노동가치를 정하는 것은 어렵다. 이보다 오히려 설명력이 큰 것은 19세기 공업노동의 돌풍에서 촉발된, 분명한 역사적 갈등들의 원인은

문제를 서로 다른 관점에서 바라보는 데 있다고 가정하는 것이다. 이러한 갈등들은 이후 이런저런 형태로 '제도화'되었고 각자의 이해를 관철하는 데 있어서 실질적인 장점과 단점들을 낳게 되었지만, 기본적으로 사회 내의 서로 다른 구성원들, 특히 자본가와 프롤레타리아는 상대방의 기여를 자신의 것과 동일한 수준으로 *인정하기를* 거부하였다. 한쪽에서는 분명히 생산적으로 보이는 것—예를 들어 지속적인 노동의 합리화, 임금과 가격에 대한 치밀한 계산—이 다른 쪽에게는 끊임없는 내몰기, 노동가능성에 대한 위협, 즉 '착취'로 인식되는 것이다. 그리고 양자는 이러한 각자의 해석을 정반대로 할 경우 아무것도 얻을 수 없기 때문에 당연히 각자의 문제인식을 규합하고 또 스스로를 조직화할 수밖에 없었다.

노동운동

노동자의 입장에서 이러한 조직화는 특히 18세기 말의 섬유산업에서 기계의 투입으로 인해 촉발된 초기의 산업 갈등에서 확대되는 계기를 맞이하였다. 기계에 의한 생산과 비교해볼 때, 수많은 직물공과 방적공의 가내 수공업은 더 이상 채산성이 없었기 때문에 증기기관으로 작동되는 최초의 방적기계는 약 200명의 방적공을 대신할 수 있었다. 이에 격분한 섬유노동자들은 기계화된 직물기와 방적기를 파괴하였다. 당시 유럽 도처에서 이른바 '기계파괴자'들이 조직화되었는데, 그중 가장 유명했던 것이 영국의 러다이트 운동Luddite이었고, 그 지도자인 네드 러드는 초기 산업에서 노동투쟁가 중 한 명으로 역사에 그 이름이 남게 되었다. 19세기 초 무렵 영국의 노팅엄에서는 이러한 기계파괴자들의 저항과 봉기를 진압하기 위해 군대까지 투입해야만 했다. 이에 대한 반응으로 초기의 노동자 조직들이 결성되었고, 이들은 이후 점점 특화되면서 곧 전문적으로 노동자들의 이해를 대변하려 하였다.

이러한 조직화의 기저에는 초기 노동자들의 요구가 실현될 가능성이 없다는 점을 감안하여 특히 '유토피아 사회주의자들'이라고 역사에 이름이 남은 철학자들의 사상이 있었다. 고대의 이념과 초기 사회이론의 저작들—예를 들어 토마스 모어의 『유토피아』(1516)나 톰마소 캄파넬라의 『태양의 나라』(1602)—에 접목하여 18세기 특히 프랑스의 사상가들은 정의로운 이상국가 그리고 공동소유의 문제에 대해 깊이 생각하기 시작하였다. 예를 들어 초기 근대 사상가 중 한 명인 프랑수아 노엘 바뵈프는 생산수단에 대한 공동체적 관리의 가능성을 보여주는 공화국 내의 새로운 노동조건과 노동규칙에 착안하여 사회주의를 국가 형태로 묘사하였다. 바뵈프의 사상은, 그에 의해 창립된 "평등한 자들의 사회Societé des égaux"와 더불어 수많은 다른 초기 사회주의자들, 즉 샤를 푸리에 같은 사람에게 큰 영향을 주었다. 푸리에의 사회주의적 공동체Phalanstère는 이후 협동조합들의 전형이 되었으며, 그의 *무조건적인 기본*소득 개념은 일찍이 모든 인간의 기본적 권리로서 노동 여부에 상관없이 생활필수품을 제공 받을 수 있는 가능성을 제시하였다. 이러한 생각은 존 스튜어트 밀의 관심을 끌기도 했는데, 그는 동시에 여성

해방을 강력히 주장한 선구자 중 한 명이었다. 바뵈프, 푸리에, 밀의 사상에 영향을 받아 곧 공화주의적 그리고 사회주의적 비밀결사체들이 생겨났는데, 그중에는 특히 오귀스트 블랑키의 결사체가 있었다. 그는 나중에 폭력적 장악을 통한 노동자의 지배, 즉 "프롤레타리아 독재"라는 비운의 사상을 주장하였다. 앙리 드 생시몽은 귀족과 "금리 생활자"들을 기생적 계급이라 규정하면서 이에 반해 유일하게 생산적인 계급 즉 노동자계급의 지배가 필요하다고 하였다. 그리고 이러한 분위기 속에서 마침내 1830년대 중반 즈음에는 파리를 시작으로 해서 이후 유럽의 사회주의적, 공산주의적 정당들의 초기 조직들이 생겨나게 되었다.

떠오르는 사회주의는 노동자들이 탄 배의 돛에 강한 바람을 불어넣었다. 특히 1840년대 혁명들에서 바리케이드 투쟁이 있은 이후 유럽의 여러 나라들에서는 조직화된 노동운동이 생겨났고, 그 중심에는 곧 노동조합이 있었다. 노동조합은 특히 조직화된 파업, 파업의 관철을 위한 연대기금 조성 그리고 조합비 징수 등을 통해 효과적인 투쟁수단들을 발견하였는데, 이러한 수단들은 시간이 지나면서 단지 위협적 형태를 보이기만 해도 노동조건에 관한 많은 협상을 노동자에게 유리하게끔 만들었다. 그리하여 수많은 희생자를 낳았던 노동자 투쟁 속에서 점차적으로 개선된 노동조건들—1일 8시간 노동, 일요일 휴일, 연차 유급 휴가, 최저임금, 임금협약, 사회보험 등—이 자리 잡게 되었는데,(알버 1982, 리터 1989 참조) 이는 오늘날 취업노동의 모습에서 잘 나타나고 있고 또 우리들로 하여금 노동시간과 비노동시간을 분명히 구분하게 만들었다.

노동조합

기업가, 산업가들의 조직과 마찬가지로 노동자들의 조직이 노동 영역에서의 문제들에 대한 관심을 제고하는 데 도움을 주었고, 나아가 노동세계를 근본적으로 변화시켰다는 점을 간과할 수는 없다. 노동자 조직을 통해 무엇보다도 오늘날 노동의 복지국가적 기본틀이 가능해졌으며, 이것은 세계의 많은 다른 지역과 비교할 때 여러 면에서 노동을 더욱 더 사회적으로 지속가능하게 하고 또 생산적으로 만들었다. 그런데 이러한 조직의 이면에 감추어져 있는 양면성은 이미 조직Organisation이라는 말의 어원, 즉 도구를 지칭하는 라틴어의 organon에서 찾아볼 수 있다. 이 말은 노동을 돕는 수단이라는 *고유의 논리*를 가지고 있지만, 예를 들어 원래 못을 박기 위해 생겨난 망치처럼, 이 수단은 경우에 따라서는 *수단에서 목적 자체로* 바뀔 수 있다.

노동조합 역시 이에 관한 아주 좋은 예이다. 노동조합이 결성될 당시에 연대기금 같은 것은 매우 중요한 것이었다. 그리하여 많은 노동조합들은—노동자들의 이해를 대변한다는 우선적 과제를 추구하는 것과 동시에—독자적인 금융관리 부서를 만들었고 결국 나중에는 노동조합 소유의 금융기관을 설립하게 되었다. 그런데 이 기관은 당연히 금융시장에서 경쟁 압력을 받을 수밖에 없었고 따라서 여러 측면에서 '자본주의적' 술책과 유사한 행위들을 더 많이 하게 되면서 노동자의 이해와 점점 더 불일치하게 되었다. 전통적으로 자본에 대해 회의적이었던 노동자들은—예를 들어 노동조합의 재산을 증식시키기 위한 기금이 '재앙'으로 본 모습을 드러냈을 때, 즉 기금이 *그 자체의* 특수한 증식논리를 추구하다 보니 일자리의 감축이나 임금삭감의 주요 원인이 되었을 경우—그들을 대변한다는 조직이 자신들의 이해와는 반대 방향으로 가기 시작한다는 사실을 확신할 수밖에 없었다.

오늘날 이러한 '재앙'의 주책임은 선량한 노조 지도자에 의해 아무것도 모르면서 업무를 위임 받은 무모한 금융 브로커들에게 있지 않다. 오히려 책임은 모든 행위들이—통계적으로 볼 때—나아가야 할 '길'을 미리 제시한 조직의 고유논리에 있다.(특히 베커 2003) 바로 노동운동의 성공은, 다른 식으로 말하자면, 사회 내의 한 특수한 집단인 '프롤레타리아'에게 하나의 제도적 여건을 만들어주었다. 이 여건은 '계급의식', '국제적 연대' 같은 가치부터 임금협약과 노동보호규정의 불가침성을 담고 있으며 따라서 오늘날까지 노동조건을 둘러싼 모든 협상 시도에서 전제조건으로 작용하고 있다. 오늘날 노동조합의 활동에서 특히 눈에 띄는 것은, 노동조합은 우선적으로 남녀 노동자 조합원들의 이해를 대변하고 있는데, 조합원 대부분은 보다 안정적이고 좋은 보수를 받는 직장세계에서 더 이상 모든 사회구성원을 위해 무언가를 하려 하지 않고 경우에 따라서는 마치 과거 자본가와 귀족이 그랬던 것과 유사하게 사회 내의 특권적 구성원으로 나타나고 있다는 사실이다. 오늘날 노동조합은—그들이 '나쁘다거나' 잘못 조직화되어서가 아니라, 자체의 고유논리만을 따르기 때문에—더욱 더 일부 특권 계층의 방어요새로 전락하는 경향이 있다. 이로 인해 노동조합의 조합원 수는 급격하게 감소하는 중이다.

사회주의: 생산성과 소비에트 식 노동윤리

노동운동이 발현된 형태는 노동조합만이 아니었다. 그리고 노동운동 성공의 양면성은 노동조합에게만 해당되는 것도 아니었다. 이에 관한 수많은 사례는 '현실적으로 존재했던 사회주의'의 역사에서도 찾아볼 수 있다.

19세기 후반부에 러시아의 인텔리들은 마르크스의 이론을 학습하기 시작했는데, 그에 따르면 생산수단의 일방적 소유는, 헤겔 식의 주인과 노예의 대립이라는 관점에서 볼 때 진정한 노동하는 사람들의 삶을 억압하는 조건을 야기한다고 했다. 그 결과 러시아의 인텔리들은 서유럽의 인텔리보다도 더욱 더 다음과 같은 희망, 즉 사적 소유가 폐지되면 억압과 착취가 지양될 수 있다는 희망을 품게 되었다. 하지만 그들은 이러한 목적을 실현하는 데 필요한 '사회주의적 혁명'이 세부적으로 어떻게 진행되어야 하는지 그리고 혁명 이후 생산수단은 어떻게 효율적으로 분배되어야 하는지에 대해서는 막연한 생각만을 가지고 있었다. 마르크스 스스로도 이에 관해 중요한 내용을 제공하지는 않았다. 1917년 러시아에서 시작된 '프롤레타리아 사회'로의 현실적 변혁은 커다란 혼란과 많은 희생 속에서 진행되었고, 마치 일단 벌어진 눈사태를 막으려는 헛된 시도처럼 다양한 비극적 수고로 점철되었다. 오늘날의 시각에서 볼 때 당시 노동의 새로운 조직화 시도는 바로 불가피하게 전체주의화로 나아가게 만들었으며, 이후 스탈린주의에서 전체주의가 계속 존속하는 결과를 낳았다고 말할 수 있다.

현대화 프로젝트로서 소비에트 사회로의 변혁은 처음부터 강요된 공업화와 병행되었다. 당시 러시아는 압도적으로 농업중심 국가였는데—1900년경 전체 인구의 80퍼센트 이상이 도시 바깥에서 생활을 꾸려갔다—가능한 한 빨리 서구 사회를 따라잡고 나아가 추월하려고 하였다. 따라서 공업화와 이를 위해 근본적으로 중요하게 간주되는 노동은 소련 초기부터 행정적으로 뿐만 아니라 선전 차원에서도 장려되었다. 이를 위한 사전 작업으로 아담 스미스가 언급하고 이후 많은 '마르크스주의자들'(하지만 마르크스 스스로는 아니었다), 특히 사회주의적 계획주의자들이 주장한 내용은 물질적 가치를 생산하는 특정한 형태의 노동만이 본래의 *생산적* 노동이며, 이에 반해 이러한 노동을 수행하는 데 필요한 여타의 노동들은 *단순히 추가적인 노동* 또는 *주변적 노동*에 지나지 않는다는 것이다.

물론 마르크스 역시 이러한 시각을 조장한 측면이 있다. 예를 들어 그는 판매상과 중개인의 노동을 '유통노동'으로 파악하고 그것을 자본주의적 생산에서 직접적으로 잉여가치를 창출하는 노동과 구분하였다. 즉 '유통노동'은 본격 노동의 선행작업에 들어가는 비용을 낮추고 그럼으로써 총자본의 재생산 비용을 절감하고 재생산을 가속화할 수 있기 때문에 *간접적으로만* 생산적이라는 것이다.(마르크스 1895/1968, 290 이하 참조) 이와 비슷한 견해는 마르크스가 감독자와 경영자의 조직화노동과 계획노동에 대해 언급한 데서도 발견

된다. 즉 그들의 노동은 최종 생산적인 노동에 단지 *간접적으로* 기여한다는 것이다. 게다가 감독자와 경영자는 자본주의적 착취관계 속에서 한편으로는 *반드시 필요한* 지도노동을 수행하지만, 다른 한편으로는 '착취자의 기능'도 행한다는 것이다. 즉 노동자의 고용과 해고, 노동규율의 감독, 임금의 결정, 노동조건의 제정 등을 주관함으로써 그들은 '자본의 도구' 역할을 한다는 것이다.(마르크스 1867/1968, 350)

소련의 노동조직과 그 안에서 정치적, 행정적으로 강조된 '생산적 노동'은 마르크스와 19세기의 여타 경제학적 관점에 의해 표준적 노동으로 부각되었다. 이러한 노동을 대변한 사람들 가운데는 광산노동자인 알렉세이 스타하노프가 잘 알려져 있다. 그는 1935년에 당시 1교대 작업기준량인 약 7톤을 훨씬 넘어서는 102톤의 석탄을 채굴하였다. 그는 일약 '사회주의적 노동 영웅'이 되어 스탈린 정부의 선전기구에 의해 다른 곳에서 일하는 수천 명의 공장노동자와 광산노동자의 우상으로 칭송되었다. 하지만 그를 본받아야 한다는 동기 유발은 건설 부문에서는 별로 일어나지 않았다. 마찬가지로 시장경제 같은 곳에서도—그러한 노력으로 높은 소득을 얻을 가능성은 기대할 수 없었기 때문에—그러한 경쟁은 별로 없었다. 당시 소련에서는 돈—적어도 국내 통용화폐—을 가지고 살 수 있는 것은 별로 없었다. 상점들은 지속적인 적자로 인해 대부분 물건이 없었으며 또 물건의 질도 나빴다. 오히려 경쟁은 일련의 전형적인 사회주의적 혜택을 둘러싸고 일어났다. 예를 들어 특권층만이 이용할 수 있는 상점에서의 구매 가능성, 더 나은 의료 혜택과 교육 기회의 혜택, 크림 반도에서의 휴가 또는 극장표나 연극표 등이 중요했는데, 이러한 것들은 특히 생산적이라고 간주되는 노동자들에게만 보상으로 주어졌다.

소련에서 그러한 특혜들이 부러움의 대상이 된 이유는 누구나 그것들을 누릴 수 있는 것은 아니었기 때문이다. 특히 '간접적으로만 생산적인' 노동을 수행하는 것으로 간주된 '주변적 노동자들'에게 그러한 기회는 일반적으로 거의 주어지지 않았다. 그리고 바로 이러한 사실은 사회주의적 생산성을 체계적으로 저하시키게 되는, 기괴한 자체논리를 낳았다. 생산적이지 않은 주변부 노동자에는 직공장, 작업총책, 기업경영자들—즉 보통의 생산적 노동자들이 열심히 일할 경우 승진할 수 있는 직업집단들—이 포함되어 있었기 때문에, 직장 내에서의 경력 관리나 직업적 상승 이동은 별로 매력적인 것이 못 되었다. 오히려 기존의 혜택이 박탈되지나 않을까 하는 우려가 팽배하였다. 그 결과 다음과 같은 노동윤리가 생겨났다. 즉 너무 생산적으로 노동하면, 그 생산성을 근거로 하여 더욱 높은 생산성 향상을 강요당하기 때문에 적당하게 노동하는 것을 세심히 고려하는 노동윤리가 확산되었다. 이외에도 잘 알려진 5개년 계획들에서 계획목표를 달성하자마자 보통은 다음 목표가 상향조정되기 때문에, 소비에트의 노동자들은 직감적으로 평소 할 수 있는 작업량의 약 80퍼센트 정도만을 완수하는 방법을 발전시켰다. 그렇게 함으로써 그들은 한편으로 생산성 향상 강요와 다음 계획 시의 목표 상향조정을 피할 수 있고, 다른 한편으로는 너무 낮은 생산성을 기록할 경우 생겨나는 불쾌한 통제와 요구사항도 피해갈 수 있었다. 이 시스템은 나름대로 적절한 균형점을 찾았고 사회 전체는 시간이 지나면서 이에 익숙해지게 되었다.

아마도 이러한 사실은—특히 1990년 이후 종종 제기되었듯이—그 나라에 사는 사람들에게는 그리 큰 문제가 되지 않았을 것이다. 어떻게든 생존해나갈 수 있도록 기본적인 생필품이 보장되는 듯이 보였기 때문에 호모 소비에티쿠스homo sowjeticus는 다른 것—즉 작은 정원 가꾸기나 예술 활동, 스포츠 활동—에서 행복을 찾았다. 노동의 성과물을 유일하게 생산성의 척도로 측정하는, 점점 세계화되는 시장경제의 한가운데에서 오직 소비에트 시스템만이 고립된 섬으로 남아 있었던 것이다.

제6장

탈공업화시대의 노동

> 이 장에서는 이른바 탈공업사회의 노동세계가 공업노동의 조건과 결과로부터 어떻게 형성되었는지를 설명한다. 여기서 논의의 핵심은 한편으로 오늘날 서비스노동 영역과 지식노동 영역에 속하는 노동 형태, 예를 들어 교육, 학문, 조직, 사회 간접시설, 국가 차원의 행정 그리고 사회적 보호 등에서의 노동 형태이다. 그리고 다른 한편으로는 현대의 실업과 미취업 현상, 그 원인 및 그것들이 현시대의 노동세계에 가지는 의미이다.

서비스

앞 장에서 보았듯이, 한 사회가 무엇을 정당한 노동과 중요한 노동생산물로 간주하는가, 즉 해당 사회가 무엇을 *생산적으로* 여기는가에 대한 인식이 사회적으로 다양하게 나타날 수 있다는 사실은 노동사회의 핵심적 문제이다. 역사적으로 볼 때 이러한 인식의 차이에 관한 극단적 예는 고용주와 피고용주 간의 상반된 견해이다. 하지만 동시에 특정한 노동들의 운명이라는 문제가 인상적으로 대두하는데, 그 노동들의 공통된 특징은 한편으로 모두 공업

영역에서 직접적으로 생겨났으면서도, 다른 한편으로 공업노동의 *관점*에서 볼 때는 공업노동만큼 충분한 가치는 *없는* 노동으로 오랜 동안 간주되어 왔다는 점이다. 오늘날 이러한 노동들은, 많은 나라들에서 그것이 가지는 가치창출의 중요성으로 인해 보다 중요한 경제 부문으로 간주되는 영역, 즉 *서비스* 영역에 속한다.

교육과 학문

이에 관한 첫 번째 사례는 교육노동이다. 이미 말했듯이 공업노동은 무엇보다 노동력의 훈련을 위해서 이를 위해 생겨난 영역, 즉 급속도로 성장하는 교육제도에 의존하지 않으면 안 된다는 특징을 가지고 있다. 공업노동은 농촌에서처럼 가족 간의 친숙한 분위기 속에서 이루어지는 노동이 아니다. 따라서 노동에 필요한 기술들skills은 노동과정 중에 쉽게 전수될 수 없다. 물론 공업노동도 초기에는 별로 이렇다 할 노하우를 필요로 하지 않았다. 하지만 시간이 지나면서 노동력의 숙련화 필요성이 증가하였다.

무엇보다 노동과 노동생산물의 *규격화*와 *표준화*, 예를 들어 제조업에서 더욱 중요해지는 공구부품과 기계부품의 호환성은 곧 노동력에도 중요한 영향을 미치면서 특히 읽기 같은 최소한의 숙련성을 요구하게 되었다. 이에 대한 관심은 유럽 계몽주의의 영향을 받으면서 18세기 이후 의무교육의 도입 그리고 이와 관련하여 빠르게 성장하고 점점 더 복잡해지는 교육제도를 낳았으며, 오늘날 교육

부문은 적지 않은 일자리를 제공하는 부문으로 성장하였다.

이외에도 산업에서는 끊임없는 혁신innovation이 중요하게 되었다. 생산과정뿐만 아니라 소비에서도 지속적인 새로운 기술의 적용이 이루어지는 곳에서만, 즉 더 많은 투자를 하는 곳에서만 더 많은 이윤이 발생할 수 있었기 때문에 이를 둘러싼 자본주의적 경쟁은 멈출 수가 없었다. 따라서 산업노동은 기술의 투입, 과학적 연구 그리고 그에 필요한 교육에 대한 수요를 낳았다.

한편 교육노동은 사회적으로 사람들을 움직이게 하는 특징을 가지고 있다. 그것은 한편으로 사람들을 교육시키고 변화시킨다. 즉 상황에 따라서는 교육을 받지 못했을 때와 비교할 때 아주 다른 욕구와 기대를 가지게끔 만든다. 또 다른 한편으로 교육은 가공되어야 할 대상을 근본적으로 바꾸어놓는다. 농업, 수공업, 공업에서는 물질적 대상의 가공, 즉 인간과는 독립적으로 존재하는 자연에 대한 노동이 중심이었던 반면, 교육은 인간의 본성 자체를 다룬다. 따라서 인간은 스스로가 교육의 주체이며 동시에 대상이 된다. 이러한 사실은 노동을 변화시키고자 하는 열정을 증가시켰고 또 그러한 역동성을 가속화했다. 계몽, 진보 그리고 사회적, 경제적 발전이라는 것이 마침내 우리 사회의 공공연한 목표가 되었고 이를 통해 그에 필요한 서비스들도 늘어나는 계기가 마련되었다.

조직과 경영

공업노동에서 연유하지만 곧바로 가치 있는 노동으로 간주되지 못한 또 하나의 사례는 조직 운영자와 경영자의 노동이다. 공업노동은 노동과정의 분절화와 분업화 속에서 노동력을 고용하고 있기 때문에 노동자는 총 생산과정에 대한 전반적인 이해를 할 수가 없다. 따라서 공업노동은 농업보다 더욱 더 조직화를 중시하지 않을 수 없다. 특히 부지와 여러 작업장을 거느린 거대한 공장에서는 직접 노동을 함께하지는 않지만, 다른 사람의 노동을 감시하고 조정하며 또 통제하는 전문 인력이 필요하다. 따라서 공업노동에서는 노동의 조직과 통제를 담당하는 노동이 분리되어 생겨난다.(브레이버만 1974 참조) 직공장, 감독 그리고 기타 *화이트칼라* 인력 등이 바로 이에 해당하는 사람들이다. 경영자manager라는 말은 매뉴팩처처럼 라틴어의 손을 지칭하는 말manus에서 유래하지만, 주로 행동의 자유가 아니라 행동을 제한manacle한다는 뜻을 담고 있다.

조직을 담당하는 부서에서는 노동의 감시를 주로 하는데, 특히 노동력의 투입과 산출 업무를 담당하고 있다. 베르너 좀바르트(1916–27/1987)가 강조했듯이 현대적 대차대조표인 '복식부기'는 계산하면서 차변과 대변, 부채와 자산을 서로 대립시키고 또 비교함으로써 비용과 편익을 조정하고 나아가 자본 투자의 중요성을 강조하고 있다. 이를 통해 비로소 하나의 경제 형태가 생겨났는데, 이것은 공공연히 그리고 체계적으로 잉여가치 생산을 목적으로 하기 때문에 자본주의라 불리게 된 것이다.

이외에도 조직, 통제 그리고 부기 업무를 수행하려면 지식이 필요한데, 이는 직접적 생산과정 속에서 일하는 노동자들과의 간격을 더욱 벌렸다. *기본적 숙련*을 전수하는 초등학교 외에 중고등학교, 전문대학, 대학이 생겨났으며, 바로 여기서 사무직, 경영자 그리고 공업 지도층이 양성되었다. 이들은 보통 노동자보다 더 많은 임금을 받았고 더 나은 노동조건을 누렸기 때문에, 많은 사람들이 부러워하는 '이상형'이 되었다. 이들은 직장 내 승진과 경력 관리를 노력할 만한 가치가 있게 만들었고, 또 이를 통해 계층 상승을 주도하였다.

교역, 법, 운송 그리고 금융

나아가 공업노동에서는 농업경제와 달리 생산지에서 원료와 노동력 그리고 생산물이 모두 준비되지도 또 모두 소비되지도 않는 것이 일반적이다. 이러한 사실은 교역을 증가시켰고 그에 상응하는 간접시설들을 필요로 했는데, 여기서 다양하고 새로운 노동 형태들이 생겨나게 되었다.

공업에서 필요한 재화와 작업의 교환은 예를 들어 교역 파트너들 간에 더 빈번하게 일어났는데, 이들 대부분은 서로 낯선 관계, 즉 기존의 교환행위들을 통해 대금을 선납할 수 있을 만큼 안정적인 신뢰관계를 구축하지 못한 사이였다. 따라서 이미 16, 17세기의 중상주의에서는 계약이 일반화되었다. 토마스 홉스와 존 로크 같은 학자들은 바로 이러한 상거래 계약에서 새로운 자연법에 근거한 사회모델의 기초구상을 착안하기도 하였다. 하지만 계약을 실제적으로 성사시키기 위한 필요성은 변호사, 판사 그리고 법학에 대한 수요를 증가시키게 되었다.

운송체계의 건설 역시, 특히 유럽에서 19세기 초 이래 운영된 철도에서 보듯이, 새로운 노동의 필요성을 야기하였다. 많은 선로들은 개별 기업가나 귀족에 의해서는 더 이상 공사의 재원을 조달할 수 없는 비싼 시설로서 처음부터 부자들뿐만 아니라 대다수 민중들을 위해 건설되었다. 즉 선로의 건설은—원료, 노동력, 상품의 수송과 군사적 용도 이외에도—출발부터 대중교통을 목표로 하였으며 따라서 유럽의 민주화를 촉진하는 동력이 되었다. 이외에도 철도로 인해 선로시설과 기차역을 이용하기 위한 지역 간의 협력—예를 들어 기차시간표의 작성—이 필요해지면서, 시간을 표준화할 필요성도 대두하였다. 근대적인 세계표준시가 만들어졌고, 이를 통해 행정적으로도 더욱 먼 지역 간의 연결도 가능하게 되었다. 이것은 다시, 물론 다른 이유들도 있었지만—이에 대해서는 나중에 설명할 것이다—, 근대 국민국가에서 확대되고 있는 관료기구들을 더욱 확대시켰다.

철도뿐만 아니라, 기계의 구입, 공장시설의 건설 또는 노동력의 대규모 고용을 위한 투자는 금융경제에 날개를 달아주었다. 신용기관들과 은행들은 대부사업을 특화하였다. 그렇게 생겨나는 금융제도 속에서 화폐의 '생산'은 물질적 재화의 생산과 대립되게 되었다. 오래전 아리스토텔레스가 개탄했던 이재술의 고유논리가 이제 자본주의의 본질적 특징이 되었으며 동시에 더욱 확대된 금융 분야, 즉 거기서는 "실제로는 아무것도" 생산되지 않는다고 오늘날에도 기꺼이 말할 수 있는 분야를 낳게 되었다.

국가

공업노동에서 연유한 새로운 노동 형태의 네 번째 사례는 국민국가에 의한 생산의 조직화에서 볼 수 있다. 공업노동이 직면했던 새로운 시간적, 공간적 차원의 문제와 마찬가지로 재정적 문제는 행정적 수요를 낳았고, 이는 근대 국가체제를 보다 공고히 하였다. 국가적 차원에서도 노동의 직접적 수행과 이에 관한 행정이 서로 분리되기 시작하였다. 국민경제Volkswirtschaft는 중요한 생산단위가 되었다. 국민경제와 연관된 모든 것들에 대한 체계적 통제, 등록, 측정 그리고 계획으로 인해 행정관료 같은 직업들이 생겨났고 또 통계학, 사회과학, 경제학 같은 학문들이 탄생하였다. 그리고 이러한 학문들은 다시 국민총생산, 국가의 부 그리고 경제성장같이 근본적으로 중요하게 보이는 문제들을 부각시켰다.

특히 국가가 노동을 조직화하면서 거둔 성공은 여러 지역의 생산성을 끌어올렸는데, 이로 인해 강대국들조차 하나의 국가 차원에서는 필요한 원료의 조달과 생산된 재화의 판매가 더 이상 불가능할 정도였다. 따라서 노동의 국민국가적 조직화는 불가피하게 노동의 투입 영역과 산출 영역을 국경을 넘어 확대시키고 또 공세적으로

식민지와 시장을 개척하도록 만들었다. 이로써 제국주의는 처음에는 국민국가의 공고화에 기여하였다. 하지만 동시에 세계의 나머지 지역들을 제국주의 논리로 덮어버렸다. 특히 경우에 따라서는 방어하고 통제할 수 있는 국가 간 경계를 세계지도판에서 선을 그어 확정하기도 하였다. 그러나 생산과 소비, 수입과 수출이 방해 받지 않도록 그 경계들을 자유로이 통과할 수 있게 하였다. 이러한 것들은 주로 행정적, 군사적 개입을 통해 이루어졌지만, 그러한 행위들이 자신들이 얻고자 하는 이득과 어떤 관련이 있는지 잘 모르는 경우도 가끔 있었다. 그런데 국가 간 원자재, 재화의 거래에 관세를 매기고 교역을 규제하는 일, 노동력의 이동—한편으로 노동 자체와 관련된 것(출장), 다른 한편으로는 새로운 일자리 또는 풍요를 찾아나서는 것(이민) 그리고 마지막으로는 노동에서 벗어나 휴식을 찾는 것(관광)—그리고 특히 나라마다 다른 임금수준과 조세부담수준의 문제들은 오늘날 노동의 국민국가적 조직화가 가졌던 의의를 의문시하게 만들고 있다. 그리고 이러한 현상들은 나아가서 새로운 노동, 즉 노동에 대한 기존의 전통적 사고 속에서는 결코 바로 그리고 누구나 동일하게 파악할 수는 없는 노동을 낳고 있다.

사회적 보호

마지막으로 공업노동은 '사회적 보호'라는 제도적 조건들을 필요로 했다. 이것은 처음으로 공업노동에서의 활동에 대한 사회적 인식을 촉구하고 나아가 과연 우리들이 변화된 현실에 따라 노동에 관한 기존의 생각을 얼마나 조정할 수 있는가를 규정하는 것이다. 사회적 보호 역시 하나의 노동 분야이다. 하지만 이 분야의 노동이 오늘날 전 사회적으로 인정받는 노동으로 분명히 자리 잡기까지는 힘겨운 투쟁이 있어야만 했다.

농업사회의 '총체적인' 생활조건 하에서 노동하는 사람은 자신이 일할 수 없을 경우에도 사회적 생산의 필수적 구성원으로서 간주된다. 누군가 질병이나 노령으로 인해 노동 불능 상태에 처한 경우 가족, 친족 또는 마을공동체가 부양을 책임진다.

이에 반해 공업사회에서 사람은 일단 노동력으로, 즉 다른 재화들과 마찬가지로 상품으로 치부되고 임금을 대가로 판매된다. 노동력이라는 상품이 인간적 특성을 지니고 있다는 사실은, 오늘날에도 산업자본가가 별로 알고 싶어 하지 않는, 매우 민감한 사안이었다. 따라서 병든 자와 노인에 대한 부양은 '다른 곳에서' 이루어져야 했다. 게다가 공업의 형성과 더불어 가족적 유대와 마을공동체 내의 상부상조는 사라졌기 때문에—물론 많은 노동자들이 2세대, 3세대에 걸쳐 고향인 농촌과의 연결을 유지하고, '숨 쉴 만한 공장'이 호구지책을 마련해주지 못할 경우, 다시 농촌으로 되돌아가긴 했지만—병자와 노인에 대한 부양은 초기에는 빈민구제소와 노인보호소, 수공업자조합과 광산노동자들의 연대기금, 또는 교회 같은 시설들을 통해 이루어지다가 나중에는 점점 국가가 이를 떠맡게 되었다. 이러한 시설들의 유지에 기업가들이 얼마나 부담해야만 하는가 하는 문제는 오늘날에도 논란이 분분하다. 이러한 생각의 차이들은 형성된 복지국가가 사회통합적 역할을 했을 뿐만 아니라 전통적 유대와 보호가 사라지는 데 있어서도 촉매제 역할을 했다는 사실로 인해 더욱 강화되었다. 즉 복지국가는 원래 공동체와 가족의 전통적인 보호시스템을 보완하는 데 그쳐야 했는데, 의도적이지는 않았지만 이러한 시스템을 해체시킴으로써 현대의 개인주의—한편으로 '계급의식을 가진', '계급투쟁적 프롤레타리아', 다른 한편으로 도시의, 종종 혼자 사는 '노동력의 주인'을 만든 개인주의—를 낳는 선구자가 되었다. 지금까지 복지국가는 불가피하게 국민국가적 틀 안에서 작동해왔기 때문에, 복지국가의 필요성, 특히 복지재정의 조달문제에 대해서는 오늘날에도 모든 사회구성원들이 동일한 생각을 가지고 있는 것은 아니다.(레세니히 2008 참조) 그리고 이와 관련된 논쟁들이 문제의 해결에 항상 기여하는 것도 아니다. 이러한 논쟁들은 수많은 '복지국가전문가'의 노동과 일자리를 만들어냈는데, 이는 다시 노동의 분화를 가속화하는 것이다.

교육, 조직과 통제, 금융제도, 기술혁신, 국가의 행정 그리고 사회적 보호는 오늘날 당연히 현대 노동의 주요영역으로 간주되고 있는 '서비스들'이다. 그들의 공통점은 공업노동에서 직접적으로 생겨났다는 것, 공업노동을 더욱 가능하게 만들었다는 것 그리고 자신들의 노동이 충분히 가치 있는 것으로 서서히 인정받는 데 성공했다는 것—즉 그들 스스로 한편으로는 노동학과 경제학의 관심을, 다른 한편으로는 통치자와 정치가의 주목을 점차적으로 받았다는 것—에 있다. 물론 교육, 조직, 기술혁신, 사회적 보호가 노동을 준비시키는 데 필요하다는 사실은 공업시대 이전 그리고 공업시대에도 잘 알고 있었다. 하지만 이것들이 경제적, 정치적 그리고 학문적으로 중요한 대상이 되고 그럼으로써 여기서 의도한 의미—즉 노동이 행해지는 독자적 영역으로서의 의미—에서의 사회적 인정은 많은 사회구성원들이 이 분야의 고용인력으로 활동하게 되면서 비로소 가능해졌다.

고용의 세 부문

이러한 발전은 학문적으로 1930년대에 *고용의 세 부문 가설*로 설명되었다. 이에 더해서 장 푸라스티에(1954)는 고용의 발전을 역사적으로 세 단계로 나누었는데, 이는 노동의 역사를 적절하게 보여주는 것이었다. 그는 첫 번째인 '전통적 문명' 단계를 중세 초기 유럽의 발전 수준과 연결 지었다. 이 단계에서는 전체 인구의 약 70퍼센트 정도가 생활필수품을 얻고 삶을 유지하기 위해 농업, 즉 이른바 *제1차 산업 부문*에 종사한다는 특징을 보인다. 당시 약 20퍼센트의 인구는 나중에 공업, 즉 *제2차 산업 부문*으로 발전하게 될 부문의 초기 형태에 종사하고, 최대 10퍼센트의 인구는 조직, 행정, 사회 간접시설 등 오늘날 *서비스 부문* 또는 *제3차 산업 부문*이라 부르는 것의 초기 형태에서 종사한다.

푸라스티에가 설명하는 두 번째 단계에서는 공업이 농촌으로부터 노동력을 빼오기 시작한다. 또 농업경제에서도 점차적으로 '공업화', 즉 자동화와 합리화가 진전된다. 이 단계에서는 약 20퍼센트가 조금 넘는 인구만이 농업에 종사한다. 50퍼센트의 인구는 공업 분야에서 일한다. 나머지 약 30퍼센트의 인구는 공업노동을 주변에서 보완하는 직업에 종사하게 된다. 그리고 세 번째 단계인 '3차 문명' 시기에는 서비스 부문에 종사하는 인구가 전체의 70퍼센트까지 증가한다. 10퍼센트가 안 되는 인구만이 농업에 종사하고 약 20퍼센트는 공업에 종사하게 된다.

오늘날의 관점에서 볼 때, 푸라스티에의 설명은 일부 정확하지 못하다. 예를 들어 농업에 종사하는 사람의 비율은 서유럽의 여러 곳에서 전체 인구의 3~4퍼센트에 불과하다. 또 서비스 부문은 더욱 분화하여 많은 사람들은 *지식노동*에 종사하는 분야를 이른바 *제4차 산업 부문*으로 따로 부를 정도이다. 따라서 오늘날의 시점에서 볼 때, 푸라스티에가 주장한 대강의 도식화는 이제 막 형성기에 있는 '탈공업사회'를 미리 제시한 것으로 볼 수 있다.(벨 1973) 그럼에도 불구하고 그의 도식은 1930년대에 아직 전혀 보편적인 상식이 아니었던 것, 즉 농업과 공업 외에 다른 노동 형태도 '생산적'이며 더구나 사회적 중요성을 가질 수 있다는 점을 분명히 보여주고 있다. 서비스사회를 둘러싼 논의가 증가하면서 경제학 역시 경제성장의 분석에 있어서 추가적인 요소들의 중요성에 주목하였는데, 그중에서도 기술과 학문적 연구—이 요소들은 초기에는 부차적인 범주로 간주되었으나, 나중에 점점 더 생산에서의 핵심 요소들이 되었다—가 특히 그러했다. 그 결과 오늘날에는 지식, 조직, 혁신, 연구와 개발 그리고 나아가서는 여론조차도 기존의 3대 생산요소인 토지, 노동, 자본에 못지않게 중요한 요소들로 간주되고 있다.

이러한 시각에서 볼 때 일부 개별 생산요소들만을 편파적으로 중요하게 다루기보다는 오히려—이미 석기시대의 사냥꾼과 의식집행자의 예에서 보았듯이—원칙적으로 모든 형태의 노동에는 사전 작업, 본래의 작업 그리고 사후 작업이 필요하며, 이러한 것들이 모두 모여야만 생산성 향상이 현실적으로 가능하다는 점에서 출발하는 것이 합리적일 것이다. 하지만 그것들의 개별적 성과를 둘러싸고, 각 요소들은 점점 더 사회적으로 중요하다고 인정받기 위해 서로 경쟁하고 또 그러한 사회적 인정을 끊임없이 바꾸려 노력한다.

그런데 많은 문제들은 바로 이러한 '동시적인 것의 비동시성'에서 나온다. 그것은 여러 상이한 노동 형태들, 생산 형태들 그리고 고용 형태들 간에 서로를 *비난하게* 만들고,(필사크 2008 참조) 여러 노동 형태와 그것들의 중요성에 대한 다양한 평가들을 더욱 더 통합하기 어렵게 한다. 이러한 통합의 과제는 오늘날 상당 부분 국가의 몫이기 때문에, 이러한 문제들의 증가는 바로 사회정책비용의 증가를 의미한다.

… 그리고 욕구의 세 단계

그런데 이러한 상황은 푸라스티에의 도식에서도 분명히 나타난다. 첫 번째 단계에서 지배적인 것은 농업경제인데, 여기서는 한편으로 그 안에 종사하는 모든 사람들을 필수적 구성원으로 간주하여 사회적 보호를 하였고, 다른 한편으로는 사회의 대부분 지역에서 아주 유사한 생활 형태과 존재 양식을 뿌리내리게 하였다. 전통적 농업경제에서 생계의 유지와 욕구의 충족은 농장공동체와 마을공동체가 담당하였다. 그리고 이러한 생계유지 방식은 대부분의 사회 구성원들에서 비슷한 모습을 띠었다. 혼자만의 생활설계 그리고 그로 인한 남들과는 다른 독특한 운명, 관심 또는 욕구는 매우 드물었다.

도식의 두 번째 단계, 즉 공업의 전성기에는 사회적 보호를 국가가 보장하는 것이 필요하게 된다. 기존의 기본적 사회단위였던 대가족, 농장, 마을은 개인이 노동 불능 상태에 빠질 경우 점점 더 부양할 수 없게 된다. 그럼에도 불구하고 공업에 종사하는 모든 사람들의 생활설계와 욕구는 점점 더 비슷해졌다. 노동자층은 서양의 공업국가들에서도 여전히 동질적인 계급이었다. 농업에 종사하는 사람들은 한편으로 전통적인 부양 방식에 의존하였지만, 다른 한편으로 그들의 욕구는 노동자들의 욕구와 별로 차이가 나지 않았다. 공업노동으로 인해 생겨난, 서서히 증가하는 서비스 부문은 아직 그렇게 성장하지는 않았지만, 초기의 사회과학적 연구의 관심대상이 되었던 '행정공무원', '사무직' 같은 인력들은 이미 출현하였고,(크라카우어 1929/1971) 따라서 여기서 *이질적인* 계층이 생겨났다. 이들은 점점 더 *개인주의* 성향을 띠었고 대부분의 사람들과는 다른 생활설계와 욕구를 가지게 되었다.

도식의 세 번째 단계에서는 바로 이러한 집단들이 다수가 된다. 여기서는 주로 서비스 부문에 종사하는 현대 도시사회의 잘 알려진 실존 군상들, 즉 공무원, 교사, 의사, 기업가, 경영자 그리고 '새로운 자영업자' 등이 서로 뒤엉켜 바쁘게 살아간다. 이들의 공통점은 공통점이 없다는 점, 생활방식에 있어서 개인을 매우 중시한다는 점, 따라서 매우 다른 욕구와 동기를 가지고 노동에 임한다는 점이다.

이들에게 사회적 보호를 하기 위해서는 산업화 과정에서 생겨난, 국민국가적으로 조직화된 복지국가 말고는 대안이 없다. 따라서 복지국가가 다음과 같은 난제, 즉 상대적으로 동질적이었던 노동자 집단을 위해 취했던 정책들을 가지고 현대의 매우 상이한 집단들의 욕구 문제를 해결해야 한다는 어려움에 봉착한 것은 그리 놀랄 일이 아니다.

이 문제를 보다 분명히 인식하기 위해서는 근대 노동의 모습이 어떻게 변화해왔는가를 조금 다른 시각에서 한 번 더 검토할 필요가 있다.

실업…

부문별 고용 변화에 대한 푸라스티에의 이론은 1930년대 초 세계경제공황 중에 생겨났는데, 당시 *실업* 현상은 사회적 그리고 사회과학적으로 주요한 관심사였다. 장 푸라스티에는 그때 서비스 사회로의 발전을 "20세기의 커다란 희망"이라고 표현하였다. 그는 서비스노동은 공업노동과는 달리 기계의 투입에 의해 쉽게 대체되지 않을 것으로 생각했다.

이러한 사실은 오늘날 우리가 인식하고 있는 실업이라는 것이 공업시대의 산물이라는 것을 일깨워준다. 앞에서 말했듯이 농업 중심의 사회에서는 노동력에 대한 수요를 신축적으로 조절할 수 있었다. 예를 들어 겨울처럼 노동력 수요가 적을 때 사람들은 빨리 다른 일들을 하면 되었다. 하지만 노동력 투입에 있어서 합리화되고 엄격하게 규율화된 공업에서는 이것이 불가능하다. 기업가 스스로뿐만 아니라 국가에 의한 법률적, 행정적 조치들은 노동자들을 갑자기 줄이거나 수요가 늘어날 때 다시 급격히 늘리는 것을 못하도록 하고 있다. 즉 공업은 명백하게 정의한 노동시간과 비노동시간 간에 분명한 경계선을 두고 있다. 수요의 변동에 따라 노동력을 더 많이 또는 더 적게 신축적으로 투입하는 것은 어렵다.

따라서 필요하지 않은 노동력은 공업시대에 와서야 비로소 실업상태로 외부에 머물게 되었다. 하지만 여기에 해당되는 사람에게 핵심적인 문제는 실업 자체에 있는 것이 아니었다. 그들의 생존은 일을 안 한다는 사실에 의해서는 거의 위협 받지 않았다. 오히려 문제는 공업노동의 발전과 더불어 생겨난, 노동만이 생존을 보장하는 유일한 수입이라는 엄격하고 배타적인 연결고리였다. 이것은 노동력 수요가 줄어들 경우 단순히 일자리를 잃는 것이 아니라 *생계수단이 사라진다는 것*을 의미한다.

하지만 공업시대에도 항상 그러했던 것은 아니다. 앞에서 말했듯이 초기의 공업노동자들은 그들의 고향인 농촌과 상대적으로 오랫동안 전통적인 유대를 유지할 수 있었다. 2세대, 3세대에서도 공장 노동자들은 경제위기가 오거나 늙어서 더 이상 일할 수 없을 경우 농촌으로 돌아가 친척들의 도움을 받을 수 있었다. 하지만 해고통지의무 같은 행정적 규제들이 생겨나면서 이러한 유대들은 서서히 사라져갔다. 이외에도 공업시대의 노동자들에게는 직업적 노동 이외에도 생계를 꾸려나갈 수단들이 적지 않았다. 회사 주변 또는 철길 옆의 작은 땅들, 즉 이른바 '빈민농장' 또는 나중에 '주말농장'으로 불린 곳에서 채소를 가꾸거나 토끼, 소 등을 키워 공장에서 받는 부족한 현금 수입을 보충했고 곤궁에 처할 경우 기본생계를 꾸려갈 수 있었다.(포브루바 1997 참조) 이것들이 노동자들의 궁핍가능성을 낮춘다는 사실을 알고 초기의 많은 기업가들은 이러한 점들을 은밀히 감안하여 임금을 낮게 책정하였다. 하지만 사회적 보호의 업무가 국가로 이관되면 될수록, '이중적 의미에서 자유로운 노동력'—봉건적 착취로부터 *자유로워졌지만*, 토지점유로부터도 *자유로워져* 생계수단을 상실한 사람들—인 산업예비군은 현대적 의미의 *실업자*와 *생계수단을 잃은 자*가 되어갔다. 1886년에 나온 찰스 부스의 『런던 민중의 생활과 노동』, 1932년에 쓰여진 마리 야호다, 파울 라자스펠트, 한스 자이젤의 『마리엔탈의 실업자들』 같은 수많은 연구들은 바로 이러한 문제들을 다루면서 한편으로 오늘날 우리에게 익숙한 실업자 상이 얼마나 중요한 문제인가를 미리 보여주었다. 나아가 이 연구들은 다른 한편으로 사회정책적 조치들을 도입하는 데 도움을 주었는데, 그중 상당수는 아주 잘 설계되어 오늘날에도 실업과 생계곤란이라는 중요한 문제의 해결에 기여하고 있다.

… 그리고 그 원인들

초기의 산업예비군이 여전히 사회의 급격한 변동, 즉 봉건시대의 종말과 이와 관련된 이농현상을 낳은 사회적 변동에 의해 생겨났다면, 오늘날 공업에서 실업의 원인은 주로 자동화의 진전, 즉 *생산과정의 합리화*로 설명된다. 기계와 컨베이어 벨트의 사용이 더욱 증가하고 또 오늘날에는 공업로봇, 지능 기계 그리고 기타 기술들이 투입되면서 인간 노동력에 대한 수요는 실제로 급격하게 줄어드는 것 같다. 유명한 포드 사의 자동차 모델 '틴 리지Tin Lizzy'의 제작에 드는 시간은 1913년 기계로 작동되는 컨베이어 벨트 시스템이 도입되기 전까지는 약 12시간이 걸렸으나, 도입 후에는 93분으로 대폭 줄었다. 1990년대 초 폭스바겐 사에서 현대적 승용차의 제작에 든 시간은 평균 167시간이었지만, 10년 후에는 약 절반이 조금 넘는 시간만이 소요되었다.(특히 빌케 1999, 48 참조) 이러한 현상은 점점 기계화되는 농업에서도 나타났는데 예를 들어 포도나무 묘목 심기는 1980년대만 해도 일주일씩이나 걸리는 힘들고 세심한 일이었지만, 오늘날에는 레이저로 조종되는 묘목 심는 기계를 사용하여 단 몇 시간 내에 묘목들을 포도 과수원이 있는 산 전체에 심을 수 있게 되었다.

언뜻 보기에 20세기에 노동력의 수요는 거의 제로상태로 수렴하는 경향을 보인다. 우리가 이미 알고 있듯이 생산은 끊임없이 증가하고 새로운 판매시장은 확대되고 있다. 하지만 이러한 사실이 언제나 종업원 수와 직원의 처우를 유지 또는 증가시키는 것은 아니다. 더욱 효율화된 공업로봇의 투입은 '무인 공장'이라는 말이 이미 여러 곳에서 실현가능한 목표라는 것을 보여주고 있다. 이러한 곳에서 인간이라는 노동력은 실제로 더 이상 필요하지 않은 것 같다. 이러한 현상은 적어도 부분적으로는—매우 이상하게 들릴지 모르지만—노동운동의 성공에 그 원인이 있다. 즉 착취와 실업의 위협에 맞서 노동력의 가격을 더욱 인상시켰는데, 이것은 기업가로 하여금 생산에서 '가변자본'이 차지하는 비율—즉 인간 노동의 비율—을 지속적으로 줄이게 만들었다. 따라서 비싼 기계를 도입해도 수지타산이 맞게 되었다. 큰 여파를 낳은 한 논쟁(노동종말론)이 시작될 때 랄프 다렌도르프*가 마르크스 이론에 기대어 주장했던 것처럼 이제 노동은 노동사회에서 사라질 수밖에 없다.(마테스 1983 참조)

'노동의 종말'…

1980년대 초 독일어권 지역에서 *노동의 종말*에 관한 논쟁이 불붙기 시작하였다. 하지만 이에 앞서 이미 1950년대에 한나 아렌트는 고대 그리스, 로마의 고전적인 인간관에 비추어 현대의 인간상을 이해하려고 시도하면서 이 문제를 예견한 바 있다. 그녀는 자신의 저작(1958/2002)에서 만약 지속적인 자동화가 인간의 노동을 절약한

* 독일의 사회학자. 마르크스 계급이론과 미국 사회학의 구조기능이론을 비판적으로 분석하면서 현대 산업사회에 계급갈등은 제도화된다고 주장하였다. 대표 저서로는『산업사회에서의 계급과 계급갈등』이 있다.

다면, 그 자체로 환영할 수 있는 더 의미 있고 고상한 활동들이 가능하지만, 현대의 취업노동 조건하에 있는 노동자는 이 활동들을 더 이상 소문으로도 알지 못한다고 한탄하였다. 즉 현대의 인간은 그동안 자신의 노동의 의미와 그와 연관된 생활환경에 너무나 익숙해져 있기에 기계에 의한 노동으로부터의 해방을 그 자체로 받아들이지 못한다는 것이다. 만약에 인간에게서 노동이 사라진다면, 그것은 인간이 이해하고 있는 유일한 활동이 사라지는 것을 의미한다는 것이다. 따라서 실업은 생계수단의 상실이라는 관점뿐만 아니라, '자아 정체성'의 상실이라는 관점에서도 인간에게 비극이 된다는 것이다.

전후 사회를 진단하면서 아렌트는 노동을 통한 노동으로부터의 궁극적인 인간 해방이라는 오래된 이상을 끌어들였다. 이 이상은 19세기에도 이미 반향을 일으켰는데, 예를 들어 마르크스는 '자유의 영역'과 '필연의 영역'을 구분하면서 "곤궁과 외부적 강제에 의해 규정되는 노동이 끝나는 곳에" 자유의 영역이 비로소 시작된다고 하였다. 이러한 이상은 비록 사회정책적 조치들과 전혀 문제가 없지는 않았던 사회적 실험들이 나타나는 데 자극을 주긴 했지만, 결코 현실적 영향력을 확대시킬 수는 없었기 때문에 19세기의 대다수 사회구성원들에게 하나의 유토피아로 머무를 수밖에 없었다. 하지만 노동 저편의 삶 또는 적어도 필수적인 노동이 엄청나게 줄어든 상태의 삶이라는 구상은 20세기 유럽 식의 사회 대부분에서는 점점 실현가능한 이념이 되었다. 우리는 늦어도 20세기 후반부터 물질적 풍요가 증가했고 또 여가시간이 확대되었다는 사실을 결코 간과할 수 없다. 평균 취업 노동시간은 이에 관한 최초의 기록이 시작된 1880년대와 비교하면 거의 2/3 수준으로 줄어들었다. 또 평생 동안의 평균 노동시간도 절반으로 줄었다. 직장인들의 일반적 휴가는 19세기에서 20세기로 넘어가는 시기에 평균 직장인들이 누렸던 휴가기간보다 6배나 늘어났고, 향후 50년이 지나면 9배로 늘어날 것이라는 전망이 지배적이다.(빌케 1999, 92 참조)

또 일찍이 19세기에 존 스튜어트 밀이 묘사한 "이른바 물질적 번영의 증가"도 간과할 수 없다. 이미 1930년대에—흥미롭게도 세계 경제공황 시기의 한가운데에—존 메이나드 케인스는 「우리 손자 시대의 경제적 발전 가능성」(1930/2007)이라는 유명한 논문에서 그리 멀지 않은 미래에 하루 3시간 정도만 일하게 될 수 있다고 말한 바 있다. 얼마 뒤에 케인스의 동료인 존 케네스 갈브레이스는 생산성과 물질적 풍요의 지속적 증가를 접하면서 "풍요로운 사회"를 주장했다. 따라서 적어도 '제1세계'에서는 순수 경제적 합리성을 넘어서서 노동을 다르게 바라보는 시각이 열린 것이다. 이제 실제적인 노동조건과 가능한 노동조건들은 서로 분명하게 구분되기 시작했고, 이로써 실제 노동의 한정적, 제한적 합리성에 대해 관심이 집중되었다.

이 문제와 관련하여 이미 1920년대에 평소 냉철하던 막스 베버는 자본주의가 인간 노동을 목적합리성이 지배하는 "강철같이 단단한 우리stahlharte Gehäuse"에 가두었다고 크게 한탄하였다. 그의 영향 아래 수많은 사상가와 철학자들은 이 문제에 천착하였다. 막스 호르크하이머와 테오도어 아도르노 같은 사람들은 물질적 가치를 극대화하려는 이기적 개인주의의 도구적 사고 그리고 현대 경제의 대중 포섭 메커니즘을 비판하였다. 헤르베르트 마르쿠제는 현대인의 "일차원성"을 비판하면서 인간이 자신의 개인적 능력을 제대로 펼칠 수 있는 영역인 자유시간을 노동에 대비시켰다. 귄터 안더스는 현대의 노동자가 무엇보다 소비에 빠져 있다고 진단하고, 소비의 공급은 공급되는 소비 이외의 무언가를 할 수 있는 것을 금지시키는 일종의 명령이라고 해석하였다. 위르겐 하버마스는 현대의 사회적 발전은 우정, 사랑 또는 가족같이 원래 목적합리성으로 나아가서는 안 되는 영역들조차 우리도 모르게 경제적 논리가 지배하게 만든다고 하였다. 이 문제와 관련하여 앙드레 고르는 부양, 교육처럼 경제적 생산성과는 거리가 먼 인성과 관련된 활동들조차 돈을 주고 사야만 하는 관계로 바뀌는 것이 문제라고 지적한다. 프리트요프 베르그만은 실제로 '소외된' 것으로 느낄 수 있는 현재의 노동조건들 대신에 "우리가 진정으로, 진정으로 원하는" 노동의 이념이 필요하다고 역설한다. 바로 이런 문제의식에서 국제금융관세연대ATTAC나 세계사회포럼WSF 같은 수많은 사회운동단체들은 자본주의 시장의 메커니즘, 화폐경제 그리고 세계화에 맞서 *다른 세계의 가능성*을 제시하고 있다.

… 그리고 이에 대한 상대주의적 관점

하지만 다른 세계의 가능성은 많은 사람들에게 공허한 이념으로 남아 있다. 자동화와 합리화는 우리에게 풍요를 가져다준 것이 아니라 일자리의 상실이라는 문제를 가져왔다. 물론 그 원인은 노동의 합리화 자체에도 있지만 그것이 유일한 원인은 아니다. 지속적인 자동화는 공업, 그리고 농업의 주요 영역들에서 노동력 수요를 급격하게 감소시켰지만, 동시에 수많은 새로운 일자리를 창출하기도 하였다. 왜냐하면 공장에서 인간을 대체한 기계들은 설계, 개발, 제작, 판매, 설치가 되어야 하기 때문이다. 그리고 그와 관련된 노동들은, 비록 이 문제와 관련한 푸라스티에의 낙관적 전망이 실현되기 어려운 것으로 드러났지만, 결코 바로 기계에 의해 수행될 수 없다. 이러한 노동의 대부분은 서비스노동 그리고 지식노동의 영역에 해당한다. 전 사회의 가치창출에서 이 부분이 차지하는 비율은 최근 급격하게 증가했고, OECD 국가들에서 지난 몇십 년간 고용률을 끌어올리는 데 중요한 역할을 하였다.

따라서 인간의 노동은 전적으로 기계나 로봇에 의해 대체된다기보다는, 차라리 새로운, 아마도 육체적 노력을 적게 필요로 하는 형태로 전환하는 듯이 보인다. 노동은 계속해서 새로운 노동을 만드는 것이다. 부족한 점을 극복하기 위한 시도는 새로운 부족한 점을 낳는다. *노동의 종말*은 나타나지 않았다. 노동은 끊임없이 변화할 뿐이고, 그 겉모습만 항상 더 빠른 속도로 변화하는 듯이 보인다. 따라서 우리가 현재 가지고 있는 실업문제의 원인은 다른 데서 찾아야 할 것이다.

한편으로 유럽 식의 사회에서 실제 노동시장 상황은 여성들이 오늘날 사회적으로 임금노동을 점점 더 많이 하게 만드는 사회적 변화들을 통해 잘 설명될 수 있다. 사생활과 직업에서의 자유, 경력 관리를 통한 자아실현, 남성 생계부양자로부터의 독립은 점점 더 현대 여성의 자아상을 구성하는 중요한 부분들이 되어갔다. 그런데 이러한 현상들은 물론 문화적으로 그리고 유럽의 계몽주의적 기획이라는 의미에서 매우 찬성할 수 있지만, 이로 인해 제한된 수의 일자리가 보다 많은 사람들에게 배분되어야만 한다는 경제적 차원에서의 문제점을 지니고 있다. 지난 몇십 년간 유럽 실업의 상당 부분은 예나 지금이나 계속되고 있는 여성들의 노동시장 유입으로 설명되어야 한다. 노동시장에서 여성들은—일반적으로 낮은 임금과 승진 가능성에도 불구하고(고트샬 2000 참조)—전통적으로 인간 노동력의 제공자로 간주된 사람들, 즉 남자들과 더욱 더 경쟁하기 시작했다.

어쩌면 더 중요할 수도 있는 또 다른 원인으로는, 현재 실업은 실업문제를 해결하고자 했던 유럽 사회가 이룩한 일련의 성공에 의한 결과라는 것이다. 즉 한편으로 세계적 기준에서 유럽 식의 사회체제를 가진 나라들은 좋은 노동조건을 제공하고 있는데, 이는 이 나라들로 이주하여 비교적 높은 임금과 기타 사회보장 혜택 그리고 높은 생활수준을 누리고 싶게 만드는 강력한 유인책이 되고 있다. 이주민의 증가와 그로 인한 많은 고용 분야에서의 경쟁은 종종 실제 노동시장 문제의 주요한 원인이 되고 있다. 다른 한편으로 유럽 국가들의 높은 사회적 수준은 노동자 임금을 더욱 올려주어야만 하는, 임금비용의 증가를 야기한다. 이에 반해 중국이나 인도처럼 제도화된 임금협약규정과 이렇다 할 복지시스템이 없는 나라들에서는 아직도 상대적으로 유리한 조건에서 생산을 할 수 있다. 따라서 자국의 노동자들보다 국제 경쟁력을 가진 곳을 이용할 수 있는 기업들은 그들의 생산지를 낮은 임금을 줄 수 있는 나라, 또는 세금을 많이 내지 않는 나라로 옮기고 있다. 오늘날 유럽 상표가 붙은 제품에서 'made in China'라는 글귀를 보고 놀라는 사람은 거의 없다. 그리고 인도인들은 영어를 배우기 위해 영어 어학코스를 다닌 다음, 뭄바이나 방갈로르의 콜센터에서 친숙한 영어 억양으로 미국 손님들에게 보험상품을 팔기도 한다. 또 독일 공항들의 야간 안내방송은 동시간대에 야간노동규정의 제한을 받지 않는 해외로부터의 전선망을 통해 이루어진다. 이러한 사실들은 이미 우리에게 낯익은, 현대 노동의 일견 황당무계한 측면들이다.(벡 1997 참조) 세계화는 세계 다른 지역의 임금이 유럽의 수준과 비슷하게 될 때까지 오랫동안 유럽 세계에 실업문제를 야기할 것이다.

사회 안전망의 약화

현재 세계화로 인한 타격을 특히 많이 받는 것은, 노동의 분화와 더불어 필수적인 것이 된 다양한 복지적 조치들이다. 물론 유럽식 복지국가는 전혀 다른 문제들의 해결책으로서 만들어졌다. 하지만 복지국가의 방식은 지속적인 사후 조정에도 불구하고 점점 더 현실 상황에 부응하지 못하고 있다. 세계화 시대에 복지국가는 재정적 수단의 감소와 일국적 한계로 인해 지속적으로 노동조건들에 개입하는 것이 점점 어려워지고 있다.

역사적으로 볼 때 한편으로 영국의 자유주의적 비버리지-시스템, 그리고 다른 한편으로는 비스마르크적 사회보험시스템에서 유래한 유럽식 복지국가는 취업노동의 불안정성을 줄이기 위해 기본적으로 이데올로기적으로 서로 다른 두 개의 시스템을 조합한 것이다. 즉 복지국가는 비스마르크 식의 기여와 연동된 소득유지시스템(보험시스템)적 요소와 비버리지 식의 기여와는 무관한 지원시스템, 즉 일반적으로 욕구가 확인되면 복지가 제공되는 시스템의 요소를 가지고 있다. 전자의 경우, 종업원들은 일종의 기여—보험료—를 사회보험기금에 낸 다음, 그곳으로부터 실직하거나 병이 났을 때는 실업급여, 질병급여, 그리고 노령에 접어들면 연금을 받는다. 이와 반대로 후자의 경우, 그가 예전의 사회적 생산에 얼마나 기여했는가 여부와 상관없이 결핍 상황에 처할 경우 국가의 세금이나 다른 재정수단을 통해 복지를 제공 받는다.

유럽 국가들은 이 두 개의 시스템을 나라별로 다르게 조합하여 운영하고 있다. 예를 들어 스칸디나비아 국가들에서는 기여 여부와 상관없는 국가 재정에 의한 복지 제공이 사회복지시스템의 상당 부분을 차지하고 있는 반면, 독일, 프랑스 같은 국가들에서는 기여와 연동된 사회보험시스템이 중심을 이루고 있다. 즉 복지시스템의 재정에서 국가가 차지하는 비율은 덴마크 같은 나라들보다 독일 같은 나라들에서 상대적으로 적다.

그런데 이렇게 복지국가들 간의 역사적인 차이와 상관없이, 복지시스템은 국가와 국가의 수단에 의존하면 할수록 그만큼 복지시스템이 약해진다는 근본적 문제를 가지고 있다. 실업률이 올라갈 경우, 기여금을 낼 수 있는 사람은 더욱 더 줄어들고, 이는 사회 안전망의 한 부분인 사회보험시스템이 점점 제 기능을 다하지 못하게 만든다. 따라서 다른 부분, 즉 국가재정에 의한 복지지출이 그만큼 더 늘어나지 않으면 안 된다. 예를 들어 일을 해본 적이 없어서 살아온 동안 보험료를 낼 수 없었던 청년 실업자는 기여와 연동된 실업급여는 받을 수 없고 국가재정으로 지원하는 복지 혜택을 받아야 한다.

정상적 고용관계의 중요성이 점점 사라지면서 그리고 인구구조상의 변화—유럽의 거의 모든 나라에서 출산율은 감소하고 평균수명은 증가하고 있다—로 인해 기여에 의한 보험시스템과 국가재정에 의한 복지시스템 간의 상대적 비율은 점점 더 후자, 즉 국가재정의 부담 증가라는 쪽으로 변화하고 있다. 원래 완전고용이라는 전제조건 하에서 만들어지고 또 이에 기초하여 설계된 사회 안전망은 이제 비정상 상태로 빠져들고 있다. 국가 조세재정에 의한 복지수급자의 수는 급증하고 사회 안전망에서 소요되는 지출은 늘어나고 있다.

세계화의 확산, 특히 저임금과 낮은 조세 부담을 내세운 국가들과의 경쟁 속에서 운신의 폭이 줄어드는 복지국가는 이제 추가적으로 세계화로 인해 사회 안전망 시스템에서 늘어나는 비용을 줄이려 노력한다. 노동시장에서의 임금 상승, 인구 구조의 변화에 대한 대책으로 국가는 사회 안전망에서의 복지혜택을 점점 더 받기 어렵게 만들고 있다. 신고의무, 대기기간 그리고 자산조사는 보통이고, 연금을 받기 위한 최소 기여 연한이 늘어났으며, 복지 지원은 점점 더 일을 할 자세가 준비되어 있다는 것과 이를 위해 직업교육도 받아들이겠다는 것을 증명해야만 제공되고 있다. 복지 수급자들은 타의에 의해 조종되고 있다는 불쾌한 느낌을 가지게 된다. 그들의 시각에서 볼 때는 사회적 안전망에의 의존이 더욱 필요한 바로 이 시기에 복지국가가 자신의 의무를 외면하려 한다는 것이다.

'신빈곤'

신빈곤층은 많고 또 그 형태도 다양하다. 이러한 신빈곤의 확산에서 특히 고통을 겪는 사람은 아이들을 혼자 키우는 여성이다. 그들은 한편으로 노동에서의 사회적 차별과 마주친다. 즉 노동의 사회적 근간은 원래 '남성 가장'이라는 이상을 중심으로 만들어져 있다는 것을 여러 차원에서 인식할 수 있다. 예를 들어 예나 지금이나 여성이 주로 가지는 직업들은 남성에 비해 낮은 보수를 받는다. 그리고 특히 높은 수입과 높은 사회적 인정을 받는 직업들은 여전히 남성이 거의 독차지하고 있다. 다른 한편으로 오늘날의 여성은 사회적 변화에 노출되어 있다. 이러한 변화는 크게 두 가지이다. 하나는 전통적 결혼제도의 해체 속에서 일시적인 '생애의 일부 주기에서만의 파트너십'이 증가하고 있다는 것이다. 유럽에서 1인 가구의 수는 지난 몇십 년간 급증하였다. 두 번째는 양육노동, 부양노동 그리고 가사노동에서 남성도 함께해야 한다는 인식이 아직 제대로 확산되지 못하여, 특히 높은 교육을 받은 여성들의 이른바 '출산

거부'를 둘러싼 기괴하게 생각되는 공적 토론 같은 것이 끊이지 않고 있다. 이러한 사회적 변화들로 인해 유럽 여성들의 소득수준과 재산수준은 빈곤선 이하인 경우가 남성들에 비해 월등히 많다.

신빈곤으로 고통을 받는 또 다른 사람들은 과거에도 그랬듯이 낮은 교육을 받은 사람들이고, 다른 한편으로는—새로운 현상인데—이른바 '50 플러스 세대'에 속하는, 노동능력이 있는 장년층이다. 이들은 취업의 가능성이 과거의 평균적인 취업노동 이력에 비해 오늘날 매우 빠르게 변화하고 있다는 것을 실감하고 있다. 이들이 젊은 시절에 취득한 노동력 자질은 변화에 부응하지 못하기 때문에 이들의 노동에 대한 수요는 오래가지 않는다. 심지어 과거 고등교육을 받은 사람조차도 급속한 기술적 발전 속에서 노동력의 가치를 상실한다. 오늘날 50세 전후의 사람들은 점점 더 일자리를 찾기가 어려우며 따라서 빈곤층으로 전락할 가능성이 높다.

이러한 신빈곤 현상은 당사자에게 매우 심각한 고통을 주고 있지만, 유럽 사회에서 '신빈곤'에 관한 논란은 특히 세계화의 상황에 직면하여 매우 상대화되고 있다. 예를 들어 아프리카의 소득수준을 생각한다면 유럽에서 빈곤에 관해 언급하는 것은 괴상하게 보인다. 따라서 관심은 오히려 다른 문제로 돌려지는데, 이 문제도 당연히 현재 시급한 문제 중 하나임에 틀림없다. 세계적 차원에서의 소득과 재산 분배의 양극화는 엄청난 이민의 증가를 가져왔고, 이것은 기존의 노동관계를 근본적으로 변화시키면서 다양한 문제들을 야기하고 있다. '유럽 요새' 또는 북아메리카, 호주로 몰려들어 유럽 수준의 사회가 누리고 있는 풍요에 동참하려는, 충분히 이해할 만한 이민자들의 이러한 노력은 일자리의 수가 한정되어 있다는 문제를 더욱 심각하게 만들고 있다. 한편 이민자 문제에는 다양한 양면성도 있다. 예를 들어 노인들을 간병하는, 육체적으로나 정신적으로도 힘든 노동은—유럽인들은 더 이상 이 노동을 하려 하지 않기 때문에—값싼 외국인 노동력에 의해서만 유지될 수 있다. 물론 '제1세계'는 많은 이민자들에게 그 사회계층구조의 가장 낮은 지위만을 제공하고 있다. 따라서 이들도 '신빈곤' 계층이 될 가능성이 높다.

이러한 문제들이 우리의 세계를 변화시키는 데 얼마나 큰 영향을 끼치는지는 기존 사회질서, 즉 전통적 국민국가의 경계를 점점 허무는 것에 대한 진지한 고민에서도 잘 나타난다. 멕시코와 미국 간의 국경 상태에 대한 최근의 연구들은, 현재 미국이 국경 경비를 위해 지출하는 재정수단들을 차라리 국경 인근 멕시코 도시들의 노동시장 활성화에 투자한다면 근본적으로 이민문제 해결에 영향을 줄 수 있다고 확신한다. 즉 장벽, 국경 그리고 울타리에 많은 돈을 쓰는 대신에 가난한 사회의 삶의 조건들을 개선시키는 것이 오히려 부자 사회의 세금 납부자들에게 더 많은 이익을 가져다줄 수 있다.

제7장

새로운 노동 형태

> 이 장에서는 현재 상황에서 새로운 노동 형태가 발전하는 원인과 조건을 다룬다. 노동 동기의 부족을 과학적으로 해결하려는 시도에서부터 그 결과로 나타난 집단노동의 새로운 조직화 실험 그리고 고용관계의 불안정화까지 다룰 것이다. 이와 관련하여 마지막으로 현재 노동 상황의 근본적 특징들을 살펴보고 미래 노동세계를 규정할 수 있는 일부 변화에 대해 짧게 언급할 것이다.

테일러와 그 이후

앞 장에서 말했듯이, 실업 또는 미취업은 현대 취업노동이 가지는 하나의 심각한 문제이기는 하지만 유일한 문제는 아니다. 현재 '고용관계의 불안정화'라는 표현 하에 논란이 되고 있고, 과거 공업에서의 전형적인 노동조건으로 되돌아가고 있는 현 상황은 매우 다차원적이며 또 제대로 파악하기 어려운 것 같다.

공업에서 노동의 세분화, 즉 노동을 개별적으로 만들고 또 각각 분리시킨 것은 시간과 비용을 야기하는 '장애요소들'—예를 들어 적절하지 못한 작업장 배치—을 없앤 것만이 아니다. 그것은 분업화된 노동을 연구해볼 만한 현상으로 만들었다. 측정가능한 단위로 노동을 세분화하면서 과학적 방법을 통한 노동이 시작되었고 나아가 어떻게 하면 노동과정을 더 효율화할 수 있을까에 관한 연구들이 가능해졌다.

이렇게 노동을 과학적으로 파악하려는 것의 키워드로 '테일러주의'라는 개념이 사용되었는데, 이 말은 미국의 사회과학자 프레드릭 테일러의 이름을 따온 것이다. 그는 19세기에서 20세기로 넘어가는 시기에 수많은 연구를 통해 이른바 노동자들의 빈둥거림 loafing, 즉 그들에게 기대되는 노동량을 제대로 채우지 않으려는 다양한 시도들에 관해 분석하였다.(1911/1967) 그런데 테일러의 핵심 구상은 약간 헤겔의 생각을 떠올리게 한다. 즉 스스로 직접 노동과정에 들어온 노동자들만이 전체 노동조건의 윤곽을 조망할 수 있고 따라서 고용주가 눈치 채지 못한 상태에서 더 천천히 일하거나 휴식을 취할 수 있는 여지를 가진다는 것이다. 이것을 막을 수 있는 유일한 방법은 고용주가 노동과정을 체계적으로, 다시 말해 노동과정을 처음부터 끝까지 과학적으로 감시하는 것뿐이다.

이와 관련하여 테일러가 제안한 하나의 방법은 이른바 시간운영관리Zeit-Budget-Erhebung인데, 이를 통해 각 노동과정들의 소요 시간이 측정되고 나아가 통계적 비교분석을 거쳐 그 시간들을 최적화하려고 시도하였다. 예를 들어 작업장의 생산분과들과 작업도구들을 합리적으로 재배치하거나 또는 작업반장이 언제든 모든 노동자들의 행동을 감시할 수 있도록 공장 내 노동자들의 위치를 재조정하였다. 그런데 흥미로운 사실은 이러한 '자본주의적' 방법이 초기 소련에서도 빠르게 주목 받았다는 것이다. 10월 혁명 직후 레닌은 러시아의 공장들에서 테일러 시스템을 도입해야 한다고 직접 주장하였다. 그리고 심지어 레오 트로츠키는 테일러와 함께 일한 적이 있는 미국의 엔지니어를 1919년에 러시아로 불러 소련의 공업 노동을 어떻게 하면 테일러 식으로 최적화할 수 있는가를 연구하게 하였다. 테일러 식의 통제원칙과 이와 관련된 사고, 즉 노동이나 사회 같은 복잡한 사회조직들 모두 과학적 통찰을 통해 합리적으로 계획하고 조정할 수 있다는 생각—소련에서는 사회적 엔지니어링social engineering이라는 표현을 썼다—은 소련 이데올로기의 토대가 되었다.

노동 동기

물론 이러한 조치들에 대해 노동자들은 별로 달가워하지 않았다. 그 결과로 테일러적 조치의 근본적 문제가 더욱 심각하게 나타났다. 즉 이미 공업노동에 내재적인, 부족한 *노동동기*가 더욱 줄어든 것이다. 초기의 공업노동이 노동자들에게 과연 열심히 일해야만 하는가에 대한 회의를 점점 더 느끼게 만들었다면, 컨베이어 벨트 옆에서의 반복적이고 싫증 나는 노동은 이러한 회의를 확신하게 만들었다. 노동자들의 노동의욕의 부재는 중요한 문제가 되었고 학자들은 이 문제를 해결하려 하였다.

이러한 해결 노력의 초기 사례로는 유명한 호손 연구Hawthorne-

Studien가 있다. 이 연구는 미국 일리노이 주 시서로에 있는 웨스턴 일렉트릭Western Eletric 회사의 호손 공장에서 1924년에서 1932년 사이 일련의 실험들을 통해 노동능률을 올릴 수 있는 방안을 찾고자 하였다. 호손 *효과*—공장 내에 학자가 있다는 사실만으로도 생산성이 증가할 수 있다는 것—는 논외로 하더라도, 정치적으로 뜨거운 논란을 일으킨 이 실험들은 특히 경영진들이 지시적인 명령이 아닌, 종업원들의 이해를 구하는 경영스타일을 금전적 보상과 함께 구사한다면 상당한 생산성의 향상을 가져온다는 것을 보여주었다. 이러한 그리고 유사한 연구결과들에 기초하여 노동력의 인간적 측면은 고용주들에게 더욱 더 고려해야 할 중요한 사항이 되었다. 경영학은 인사관리 또는 조직관리 같은 분야에 관심을 돌렸다. 많은 연구들은 집단현상, 사회적 상호작용, 노동만족도 그리고 협동적 지도스타일 등에 집중하였다. 결국 기업가들은 노동자들의 만족도를 높이는 조치들이 더 이상 인간적 차원에서 추가적으로 해야 하는 과제가 아니라 생산에 직접적인 영향을 미치는 투자라는 것을 알게 되었다.(케른/슈만 1984 참조)

'인간관계'에서 아웃소싱으로

이외에도 인간관계human relations를 강조하여 노동자들을 생산과정 속에 통합하려는 시도가 있었다. 이러한 조치가 가장 강력하게 추진된 곳은 흥미롭게도 일본이었다. 일본에서는 혁신에 대한 엘리트의 개방적 자세가 문화적으로 정착되었고 이 토양에 칼뱅주의와 여러 면에서 유사한 노동윤리까지 결합되어, 종업원들이 기업에 강한 소속감을 갖는 것은 거의 애국주의에 가까운 노동자의 의무로 여겼다. 기업의 구성원corporate identity 그리고 기업 내의 연대corporate solidarity라는 의식은 빠르게 종업원들 간 관계의 토대가 되어갔다. 이러한 *인간관계*는 예를 들어 애사가愛社歌를 틀어주는 것 또는 공동의 동기유발훈련, 기타 공동 활동들을 통해 더욱 강화되었다. 기업은 가족 같은 분위기 속에서 노동자들의 고민을 잘 들어주었고, 이러한 노동자들의 동기 강화를 통해 많은 이득을 보았다.

이처럼 특수한 노동윤리에는 일본의 국가적 관심사, 즉 단기간 안에 선진 공업국들의 생산성 수준에 도달하고자 하는 의도가 숨어 있었다. 이러한 따라잡기 과정이 지속되는 동안, 종업원들에게 요구된 회사와의 동일시는 생산성을 계획대로 달성하는 데 도움이 되는 것 같았다. 하지만 경제적 수준이 올라가면서 일본에서도 노동자에 대한 사회적 의무 비용이 증가하였다. 그리고 이러한 상황은 노동 동기를 강화하기 위한 두 번째 모델을 대두하게 만들었는데, 이 모델은 기업의 구성원이라는 의식을 점점 사라지게 하였다. 즉 생산과정에서 나타나는 문제들을 가능한 한 빨리 알아채고 바로 그것들을 주도적으로 해결할 수 있으려면 노동자들은 점점 더 능력을 가져야만 하는데, 이것은 노동자들을 서서히 기업 내의의 독립적인 작은 단위로 만든다. 그리하여 카이젠Kaizen*—노

* 개선(改善)이라는 뜻의 일본어

동과정을 가능한 한 최적화하기 위해 그룹노동, 독립성 그리고 기본적 책임성에 기초한 원칙을 강조하는 것이다—은 일본 공업화 성공의 핵심요소가 되었고 뒤이어 세계 여러 곳에서 이를 모방하게 되었다.

이 원칙은 자력으로 그리고 자신들의 고유한 성과를 목표로 일하는 작은 집단들에 의해 효율적으로 적용된다. 따라서 각 노동자 또는 각각의 작업팀은 점점 더 독립성을 띠게 된다. 과거의 작업팀은 이제 그들의 고유한 노동과정을 조정하고 조직화하는 자율적인 전문가집단으로 간주되고 더욱 더 독립성과 자기책임성을 강요받게 된다. 그 결과 예전에 기업 내 조직구조에 강하게 통합되었던 많은 작업팀은 마침내 완전히 기업 외부로 나가게 된다. 노동자들은 해고되어 자영업으로 내몰리고, 이제 하청기업의 형태로 그들이 일했던 과거 기업으로부터 주문을 받는다. 예전 기업의 사무직들은 이제 자영 '노동력 기업가들'이 되어 업무계약 또는 일시적인 프로젝트 추진 등과 관련한 일만을 하게 된다.

기업 입장에서 보면 이러한 아웃소싱outsourcing은 행정적, 조직적, 특히 사회적 책임성 측면에서 커다란 부담을 줄이는 것이다. 그들은 임금비용 뿐만 아니라 측정하기 어려운 개개인의 노동의욕을 고려해야 하는 추가적 수고를 절약할 수 있다. 종업원들 간의 좋은 관계가 이윤을 낳는다는 생각은 다시 빠르게 사라졌다. 많은 일본의 노동자들—그리고 그들뿐만 아니라 전 세계적으로 아웃소싱의 물결에 의해 타격을 받은 모든 사람들—은 끔찍하게도 그들이 과거 과대포장된 *기업 내의 연대* 속에서 모기업을 위해 노력했던 희생, 즉 낮은 임금에도 불구하고 열심히 직장에 헌신했던 것이 결국 잘못된 투자였다는 것을 확신할 수밖에 없었다. *인간관계*를 중시했던 기업들이 있는 곳에서조차 세계화는 종종 선택의 여지를 주지 않았다. 이른바 린 매니지먼트lean management라는 이름하에 '군살을 뺀' 기업들은 엄청나게 생산비용을 절감할 수 있었다. 그리고 저임금 국가들의 국가경쟁력으로 인해, '정상적 고용관계'라는 이름으로 세계 여러 지역에서 이미 자리 잡았던 취업노동 형태는 점점 더 과거의 모델이 되어가고 있다.

노동의 불안정화

이러한 변화는 새로운 고용상황을 낳았는데, 이는 오늘날 많은 사람들이 '열악한', '언제든지 취소 가능한' 또는 '불쌍한 마음에서 보호하는(라틴어의 precarius)' 노동, 하지만 특히 '불안정한(프랑스어의 précaire)' 노동으로 경험하고 있으며 기존의 친숙한 노동 형태와는 달리—물론 이것이 비교적 단기간 내에 그리고 세계의 일부 지역에서 이미 '익숙해진' 것이긴 하지만—'비정형적인' 노동으로 표현되는 것이다. 이러한 변화는 무엇보다 20세기 후반의 복지국가들에서 관리되었던 정상고용관계와 비교해 볼 때, 결정적인 '노동의 탈규제화', 그리고 노동조합, 사회민주주의자, 좌파 들이 커다란 희생을 무릅쓰고 획득한 복지국가적 성과의 감축으로 나타나고 있기 때문에 복지국가적 성과를 포기한다는 것은 매우 힘든 일이다. 따라서 오늘날 많은 곳에서 노동자 대표들은 자신들의 에너지를 노동조건의 새로운 틀을 만드는 것보다는 세계화라는 단합된 세력에 맞서 투쟁하는 데 집중하고 있다. 현재 노동조합은 물론 사회민주주의자, 좌파 들도 우선적으로는 이미 새로운 노동조건을 경험하고 있는 그들의 오래된 주고객들을 잃지 않으려고 노력해야 하기 때문에, 이미 직장 바깥으로의 직무전환이나 감원의 대상이 된 사람들은 여러 면에서 거의 그대로 방치하고 있다. 고용주뿐만 아니라 노동자 대표들도 이 사람들을 보호하는 데 더 이상 관심이 없다. 그리고 복지국가는 더욱 더 과부하가 걸리게 된다. 왜냐하면 앞에서도 말했듯이 복지국가는 아주 다른 문제들을 해결하기 위해 생겨났기 때문이다.

따라서 이제 이렇게 방치된 사람에게 우선순위는 바뀌게 된다. 그들에게 높은 임금, 협약에 의해 보장된 임금, 효율적인 보호규정, 사내 탁아소 또는 노동시간의 단축 같은 것들은 그들이 노력한다고 얻을 수 있는 '희소한 자원'이 더 이상 아니다. 그것들은 오히려 그들의 앞 세대와 그 세대의 대표조직들이 적절한 노동조건을 만들기 위해 지속적으로 투쟁해 얻은 과거의 성과물일 뿐이다. 즉 교육, 직업, 경력의 보장처럼 인생의 경로에서 의지할 수 있는 생활기회는 특히 '사회적 보장'이라는 틀 하에서만 가능했다는 것이다.

그런데 이러한 문제들을 '해결'하는 데 있어서, '불안정노동자들' 스스로가 종종 장애가 되기도 한다. 현대의 생활양식의 다양화로 인해 노동을 하게 만드는 결핍의 의미는, 작고 수명이 짧은 이해공동체 내에서만 공유되거나 또는 각각의 개인 차원에서만 중요성을 가질 뿐이다. 즉 모든 노동의 근저에 놓여 있는 결핍에 대한 인식은 사회적으로 *다양해졌고*, 동시에 *수명이 짧아졌으며*, 그 결과 *개인화되었다*.

다양성과 한시성

앞에 말한 노동 형태들을 한데 묶어놓고 그 노동들을 하게 만든 결핍과 대비시켜 보면, 이러한 상황 변화는 더욱 분명해진다. 수 세기 전에 농업을 했던 마을공동체에서 결핍한 것으로 간주했던 것들은 오늘날의 시각에서 보면 상대적으로 알기 쉽다. 소수의 재화, 서비스 그리고 생활필수품들은 소수의 공동체 구성원들에 의해 예상 가능한 시기에 한정된 수단을 가지고 만들어낼 수 있었다. 하지만 오늘날 모든 슈퍼마켓이 잘 보여주듯이, 현대의 결핍의 다양화와 *이질성*은 앞의 경우와 극단적인 대비를 이루고 있다. 전 지구적 차원의 더욱 현저한 다양화와 관련해서는 수백 명의 굶주린 아프리카 난민들의 모습을 떠올려볼 수 있다. 그들은 곧 부서질 것 같은 배를 타고 관광객들이 진을 치고 있는 해변으로 몰려드는데, 그곳에서 유럽 출신의 휴양객과 은퇴자 들은 자택, 두 번째 차, 평면 TV 또는 해외여행이라는 결핍을 충족시키는 활동들을 하면서 휴식을 하고 있다.

현대적 생필품의 *한시성* 역시 역사적으로 비교해 보면 더욱 더 분명해진다. 농업경제에서 결핍의 극복은 약 15000년 동안 무엇보다 중요하게 간주되어 왔지만, 공업경제에서는 결핍의 극복에 약 200년 정도가 소요되었고, 뒤이어 서비스사회에서의 결핍문제가 대두하였다. 이 문제는 한두 세기 뒤에 해결될 것이고 곧 이어서 지식사회에서의 결핍문제가 나타날 것이다. 따라서 앞으로 변하지 않고 존속하는 노동 형태와 경제 형태는 더 이상 없을 것처럼 보인다. 형태뿐만 아니라 그것의 형식적 조건들(복지국가적 법규, 조세 규제부터 시작하여 교육 관련 규제까지)도 일정 기간 이상 존재할 수 없다. '장기계약'은 사라지는데, 이것은 오늘날 기업의 일자리뿐만 아니라 '정상노동관계' 시대에 노동세계를 규정했던 거의 모든 친숙한 것들 그리고 특히 교육에도 해당된다. 고학력자조차도 더 이상 자신의 일자리가 안정적이라고 생각할 수 없다. 경영자, 임원 그리고 기타 '지도자급 인력'은 어느 날 갑자기 더 이상 불필요해진다. 대학생들도 나름 고민해서 학과를 선택했지만, 학교를 다니는 중에 사회의 수요가 바뀌어서 자신의 노동력 수준에 맞는 일자리를 찾지 못하는 경험을 더 자주하게 된다. 만약에 그들이 자신의 노동력을 '더 싸게 내놓으면', 그들은 그들보다 한 단계 낮은 노동력을 가진 사람들을 경쟁에서 밀어내게 된다.

노동의 이질화가 야기하는 노동의 한시성 속에서 어느 누구도 노동의 불안정화라는 소용돌이 속에 빨려들지 않는다는 보장은 없다. 그런데 그 소용돌이 속에서 개인들은 단합하기도 하지만 그 단합은 결국 지속적으로 분열되게 된다. 왜냐하면 모든 사람들이 새로운 일자리, 프로젝트, 소득원을 계속해서 찾아야 하는 상황이기 때문에, 일반적으로 사람들은 희소한 자원을 둘러싸고—종종 큰 대가를 치르더라도—서로가 적대적으로 싸울 만반의 준비가 되어 있다. 경리나 세무사로서 일감을 얻거나 치료사 또는 가정교사로서 한 번 힘겹게 일을 해낸 사람은 한편으로 자신의 특수한 능력이 다른 사람과 달리 '최고'라는 것을 입증해야만 한다. '주목의 경제'에서 남의 눈에 뜨이는 것visibility은 아주 가치 있는 자산이 되고, 종종 형식은 내용보다 더 중요하게 취급된다. 그리고 다른 한편으로는 자신과 비슷한 일을 제시하는 경쟁자들과 너무 강하게 연대해서는 안 된다는 것을 조심스럽게 깨닫는다. 이렇게 일을 해야만 하는 사람들은 조직화가 제대로 될 수 없다. 계급투쟁으로 나아가게 만드는 프롤레타리아의 단결이라는 말은 불안정노동자에게는 더 이상 없다. 개인화가 현 시대 노동의 근본적 조건이 되어 가고 있다.

노동의 개인화

이러한 현상을 보다 분명하게 만들고 또 우리들에게 익숙했던 노동조건과 규칙 들을 대규모로 와해시키는 데 기여한 것으로 보이는 변화는 현재 유럽형 사회의 변화된 인구구조에서 찾아볼 수 있다. 지난 수십 년간 평균수명의 상승과 더불어 부양을 필요로 하는 노인들의 수는 증가하였다. 하지만 동시에 현재의 복지국가적 제도들은, 평균수명이 노령으로 인한 퇴직 이후 별로 길지 않았던 과거 공업시대에 노인들을 부양하기 위해 설계되었기 때문에 이제 과부하가 걸리고 있다.

부양의 문제는 점점 더 가족 구성원의 책임으로 떠맡겨지고 있다. 이것은 한편으로 가족 구성원들 대부분이 취업상태에 있기 때문에 노인 부양을 위한 시간을 낼 수 없다는 문제를 낳고, 다른 한편으로는 그들이 종종 사회적으로 제시된 노인 도우미 노동자들의 임금을 감당할 수 없다는 문제를 낳는다. 따라서 부양의 공급에 대한 수요는 각자 형편에 따라 개인화된다. 각 개인의 부양문제는 저마다 특수한 사례가 되고 이를 위해 종종 싸게 지불할 수 있는 노동력만을 찾기 때문에, 때로 공공기관은 과감한 조치를 통하여—사회 내의 다른 부문을 당혹스럽게 하면서도—노동이민법을 느슨하게 적용하곤 한다. 인구구조의 변화에 대한 현재의 예측이 곧 현실로 드러나고 별다른 해결책을 찾지 못한다면, 가까운 장래에 부양에 대한 수요와—이미 주로 외국 여성노동자들에 의해 이루어지고 있는—그에 필요한 노동의 공급 간의 불일치는 급증할 가능성이 있다. 그럴 경우 부양에 드는 비용은 일반적인 시장논리에 따라 더 이상 지불할 수 없게 된다.

이와 유사한 가능성은, 비록 앞의 부양의 경우에 비해 덜 절박한 욕구를 가지지만, 많은 개인화된 삶을 영위하는 사람들에게도 해당된다. 예술가, 작가, 스포츠맨 또는 철학자처럼, 우리들 대다수가 전통적 취업노동으로는 적합하지 않다고 생각하는 사람들의 개인적 생계유지는 이제 경제적으로 볼 때 기존의 틀에서는 더 이상 불가능하다. 모두가 공급자가 되는 곳에서 공급은 많은 데 비해 그 수요는 너무나 적다. 하지만 오늘날의 사회를 가능하게 만든 이러한 노동들은 해당 개인의 입장에서는 정당한 것이다. 예술가로서의 삶은 나름 의미가 있는 것이다. 하지만 사회정책이 많은 비용을 들여 이들에게 노동의욕이 있음을 증명하라고 요구하고 통제하면서 이들을 '정상'으로 되돌리려 하는, 취업노동에 대한 편협한 이해는 앞으로 점점 더 공감을 얻지 못할 것이다. 생산적 노동에 관한 전통적 관념은 오늘날 개방적인 생태적, 문화적, 사회적 그리고 경제적 시각에서 볼 때 결코 다수의 지지를 얻지 못한다. 따라서 생산성 개념을 적어도 부분적으로 포기하고 전통적 의미에서는 생산적으로 간주되지 못하는 활동들을 일정 정도까지 지원하자는 주장들이 나오는 것은 전혀 놀랄 일이 아니다. 현재 이와 관련한 제안 중에는 예를 들어 *무조건적으로 기본소득을 보장*하자는 것처럼,(펠사크 2002, 포브루바 2006 참조) 소득과 노동을 분리하자는 주장이 논의되고 있다.

따라서 그동안 익숙했던 노동과 비노동 간의 경계는 해체되기 시작하고 있다. 그리고 이것은 다른 측면에서 전개되고 있는 변화에도 상응하는 것이다.

노동과 비노동

유럽적 그리고 특히 마르크스주의적 색채가 강한 역사이론은 얼마 전까지만 해도 인간 노동의 역사적 발전은 근본적으로 유럽의 발전경로를 특징지었던 생산양식의 변화에 기인한다는 데서부터 논의를 시작했다. 이 이론은 다양한 상처들이 일정 시간이 지나면 낫게 된다는 희망, 즉 미래 언젠가 모든 사회들은 비슷한 발전 수준에 도달하게 되고, 동일한 법적, 행정적, 사회정책적 규칙을 가지게 된다는 희망을 불어넣었다. 하지만 이러한 희망은 현재 전 지구적 차원에서 상이한 노동조건들이 보여주는 '동시적인 것의 비동시성'을 감안할 때 점점 희미해지는 것 같다. 유럽에서 익숙해졌지만 아주 친숙하지는 않은, 과거에 비해 '불안정한 노동'으로 표현되는 노동 형태들에 맞서서 세계의 여러 지역들에서는 새로운 노동 형태들이 등장했다. 이것들은 다양한 전제조건들이 '혼합'된 것으로 더 이상—유럽적 시각에서 볼 때—발전사적으로 낡은 형태라고 간주할 수 없는 것들이다. 노동의 전제조건들이 다양하고 또 혼합된 상태에서 완전히 *새로운 노동 형태*가 생겨나는 것 같다.

이에 관한 최근 사례로는 멕시코의 티후아나에 있는 회사를 들 수 있다. 이 회사는 멕시코의 아동들과 청소년들을 고용하여 생산물을 만드는데, 이것은 전 지구화된 그리고 인터넷으로 연결된 오락산업이라는 조건하에서만 생산될 수 있는 것이다. 유럽적 시각에서 볼 때 물론 아동노동은 유럽의 수많은 사상가와 정치가 들의 계몽적 노력으로 인해 오래전에 역사의 뒤안길로 사라졌어야 마땅한 것이다. 하지만 멕시코의 이 회사는 한편으로 아동들의 게임하는 즐거움을 이용하고, 다른 한편으로는 온라인 컴퓨터 게임에 열광하는 '제1세계'의 수많은 사람들이 여러 숙련 단계를 거쳐야 하는 최신 게임들을 접할 때, 상대적으로 재미없는 중간의 단계들에

시간을 소모하지 않고 바로 높은 게임단계로 가길 원한다는 것을 이용한다. 이러한 수요를 충족시키기 위해 인터넷에 경매시장을 설치하고, 그곳에서 특정한 게임단계들은 상대적으로 비싼 값에—즉 전자공학적으로 저장해놓은 접근권을 의미한다—거래가 된다. 티추아나의 회사는 이렇게 아동들이 만들어내는 게임 단계들을 거래함으로써 많은 돈을 번다. 물론 아동들 스스로도 이 일이 자신들을 착취하는 것이라 생각하지 않는다. 왜냐하면 이 회사가 없었다면 그들은 성능 좋은 컴퓨터와 인터넷을 사용할 수 있는 기회를 가지지 못했을 것이기 때문이다.

21세기 초에 나타난 온라인 서비스인 세컨드 라이프Second Life* 같은 사례에서 볼 수 있듯이, 인터넷에 기반한 커뮤니케이션광장과 상호토론장 역시 노동세계가 얼마나 급격하게 변화하고 있는가를 잘 보여주고 있다. 원래 가상 부동산시장으로 시작했지만 곧 다른 소비품들도 취급하게 된 세컨드 라이프는 실제 수익—게임머니는 US 달러로 환전할 수 있다—을 올리게 되었다. 이 수익은 처음에는 가상으로, 즉 '특정한 장소가 없이' 얻어지기 때문에 세무서나 관세청의 통제를 받지 않고도 가능했다. 인터넷에서는 동시적으로 그리고 특정 장소에 구애되지 않고 더 많은 온라인 기업들이 상품과 서비스를 제공하기 때문에, 세컨드 라이프에서 보듯이 미래의 노동수익은 실제 돈으로 환전되지 않고 가상세계에서 직접 '현실화'될 것이다. 따라서 사회보장적 측면에서 매우 중요한, 우리가

* 미국에서 만든 세계 최대의 SNS로 가상 현실을 표방하여 네트워크 상에서 또 다른 일상생활을 누릴 수 있는 것이 특징이다.

현재 노동소득에 매기는 과세 또는 기타 제도들은 근본적인 변화를 맞게 될 것이다. 하지만 지금은 이러한 문제를 조정할 전 지구적 규칙도, 그리고 이를 관리하고 통제할 수 있는 전 지구적 기관들도 생겨날 전망이 보이지 않는다.

이와 관련한 정치적 노력과는 별도로 이 새로운 노동 형태들은 노동과 비노동 간의 경계를 허물어뜨린다. 암 제거율에 대한 분석 또는 엄청난 데이터 뱅크를 관리하는 일처럼 복합적이고 여러 면에서 반복적인 활동들을 게임하는 것 같은 노동과정 속으로 통합시켜 그 일을 하는 당사자들의 집중력을 제고하려는 노력들은 노동과 게임의 경계를 변화시키고 있다. 현재 미국 군대는 지속적으로 성과를 내기 어려운 쉽게 지치는 활동들을, 게임 동기를 유발시켜 보완하거나 반응능력, 협동능력 그리고 팀의 사기를 컴퓨터 시뮬레이션 장치들을 통해 훈련시키는 실험을 하고 있다.

노동과 게임 간의 경계가 모호해지는 이와 비슷한 일들은 소프트웨어 회사, 기타 하이테크 회사들에서도 일어나고 있다. 이 회사들은 직장에 농구코트, 배구코트 또는 피트니스 공간을 설치하고 종업원들이 근무시간에도 이를 이용하도록 권장하고 있다. 컴퓨터 운영시스템과 기타 컴퓨터 '작업 프로그램'들은 오래전부터 지뢰찾기나 카드게임처럼 작은 게임들을 자체 내로 통합시켰는데, 이것은 이미 제대로 알 수 없는 현대적 운영시스템에 단순히 추가적인 장치들을 늘린 것이 아니다. 즉 게임을 할 수 있게 만듦으로써 컴퓨터 사용자들이 잠깐의 '창조적인 휴식'을 누린 다음, 그 결과 노동 생산성을 크게 올릴 수 있을 것이라는 바람이 숨어 있는 것이다.

이외에도 *재택근무*처럼 집과 일터가 일치하는 경우 또는 다양한 형태의 *프로젝트노동*, 전통적인 일요일, 공휴일 휴무 개념의 해체, 그리고 혼합 소득Income-Mixes의 재등장, 즉 소득원이 하나가 아닌 여러 요소로 구성되는 것, 또는 관계의 네트워크나 노동력 자질면에 있어서 지불되지 않는 노동이 그들 노동의 근본적 구성요소인 '노동력 사업가ArbeitskraftunternehmerInnen'* 의 등장 등을 생각해 볼 수 있다. 나아가 오늘날 돈을 들이지 않고도 지식의 복제가 가능하다는 사실, 즉 현재 매우 중요하게 간주되는 생산요소인 '지식'은 기본적으로 제대로 판매가 되지 않고 또 돈이 되지 않는다는 사실 같은 근본적 변화들을 고려하면, 노동과 우리가 지금까지 노동개념을 통해 배제해왔던 비노동은 서로 섞이고 있다고 주장하는 것이 맞을 것이다. 이것들이 어떻게 섞이는가에 따라 우리들의 미래 노동은 달라질 것이며, 이는 우리들에게 궁핍을 줄이는 활동, 즉 노동에 대한 근본적으로 다른 접근을 요구할 것이다.

'테크놀로지적 단일성'

이 모든 사례들이 보여주듯이, 우리들의 노동의 모습 그리고 이와

* 1998년 독일의 사회학자 귄터 보스와 한스 폰크라츠에 의해 고안된 개념으로서 자신의 노동력을 마치 기업가처럼 관리하는 자를 지칭한다. 일반적으로 자신의 노동력을 자산으로 어느 기업에 구속되지 않고, 노동과 비노동 간의 경계를 넘나들며 스스로 자유로이 노동하고 또 자신의 노동력 상품을 판매하는 사람들로서 주로 대중매체, 교육, 자문, 문화 영역에서 활동하는 고학력의 자영업자를 의미한다.

관련된 우리들의 존재가 가까운 장래에 급격하게 변할 수 있다는 상황은 현재 무엇보다 '테크놀로지적 단일성'이라는 개념하에서 논의되고 있다. 수학에서 단일성은 한 과정의 점들로 표현되는데, 그 점들 이상에서는 그때까지 적용되던 법칙성이 더 이상 통하지 않는다. 이러한 의미에서 '테크놀로지적 단일성'은 인류 발전의 한 지점을 표시하는 것으로서, 그 지점에서부터는 지능을 갖춘 기계가 그 기계 자체를 조립하고 제작하는 일을 떠맡을 수 있을 정도로 발전하게 된다.

이러한 일이 인류의 존재에 어떤 영향을 미칠 것인가에 대해서는 이미 기계시스템으로 기계들을 통합하는 것에 관한 칼 마르크스의 통찰이 도움을 줄 수 있다. 인간 노동의 일정 부분들이 장치들과 자동기계에 의해 대체되고, 이것들이 곧 효율성 면에서 스스로 보완되어—컨베이어 벨트의 도입 사례가 보여주듯이—노동조직을 급격히 바꾼다는 사실만이 노동세계를 결정적으로 변화시키는 것은 아니다. 오히려 기계의 투입은 기계 제작방법 자체를 바꾼다. 기계의 부품들을 기계적으로 제조하면서부터 부품들의 가격은 크게 내려가고 그 품질은 크게 향상되어, 공업시대의 생산성은 크게 증가하고 따라서 더욱 더 효율적인 기계를 개발하고자 하는 엄청난 의욕들이 생겨난다. 테크놀로지적 진보는 스스로를 가속화하고 더 이상 무의미한 것으로 간주할 수 없는 생산요소가 된다. 기계는 기계 자체의 발전을 더욱 가속화한다.

인간 노동에 있어 이것은 목표의 근본적 전환을 의미한다. 노동의 목적은 이제 생산 자체가 아니라 생산을 위한 *전제조건들*, 즉 기계들의 제작이 된다. 지금까지 인간 노동의 대부분이 소비할 수 있는 생산물의 제작에 그 목적을 두었다면, 이제 많은 노동은 기술, 즉 *테크닉*의 발전에 목적을 둔다. 테크닉의 핵심원리는 개개의 생산단계들, 예를 들어 부품들과 원재료들을 적절히 다루거나 조립하고 제자리에 위치시키는 작업들을 통합하여, 이를 수행하기 위해 만든 장치, 즉 기계들을 통해 언제든지 이러한 과정을 반복할 수 있게 하는 것이다. 앞의 망치 사례에서 말했듯이, 생산성은 반복하는 데에서 비로소 생겨난다. 예를 들어 책 한 권이나 컴퓨터 한 대를 만들기 위해 기계를 제작한다는 것은 비합리적이다. 수많은 개별 노동단계들의 기계적 반복 속에서 많은 생산물이 만들어져야만 비로소 생산 자체로부터 생산을 위한 전제조건들의 제작이라는 노동의 목표 전환은 의의를 가지게 된다.

이러한 반복 과정은 잘 알려진 바와 같이 컴퓨터 테크놀로지에서 가장 두드러지게 나타난다. 컴퓨터 프로그램들은 일반적으로 일정한 연속성—예를 들어 정지할 조건이 생겨날 때까지 계속 달리게 되는 썰매처럼—속에서 반복되는 여러 작업단계들을 *능숙하게* 통합하고 조정한 것에 다름 아니다. 현대 컴퓨터의 계산기능, 특히 거듭제곱 지수 계산 기능의 발전이 있기 때문에 컴퓨터의 최적화, 즉 작업단계들을 능숙하게 통합하고 조정하는 일을 컴퓨터 스스로에게 맡기는 것은 전혀 문제가 되지 않는다. 게다가 프로그램들은 *최적화 프로그램* 같은 효율성 측정기준을 가지고 있고, '자연적인' 선별과정을 거치게 되어 있어 잠깐 동안에 수천 년간의 진화도 시뮬레이션할 수 있을 정도이다. 일정한 틀 내에서 이러한 발생학적 알고리즘*은 오늘날 어떤 인간 프로그래머도 만들 수 없는 프로그램들을 만들어낼 정도로 발선하였다. 따라서 그리 벌지 않은 미래에—레이몬드 커즈와일(2005)은 2029년이라 하였다—지능적인 기계가 실제로 자체 부품들을 제작하는 데 더 이상 관여하지 않고, 이러한 제작 자체를 다른 기계들에게 점점 더 떠맡길 것이라고 상상해볼 수 있다. 기계들이 진화하면서 적응하는 빠른 속도를 감안하면, 이러한 사실들은 실제로 우리가 발전하는 데 있어서 여러 단계를 단번에 뛰어넘는다는 것을 의미한다.

이러한 변화들이 우리들의 노동과 우리들의 삶에 구체적으로 어떤 영향을 미칠 것인가는 물론 깊이 생각해보아야 한다. 하지만 '테크놀로지적 단일성'이라는 개념은 우리가 현재 쉽게 상상할 수 없는 새로운 노동세계의 가능성을 지칭하는 데 여전히 적절한 것처럼 보인다. 미래의 인간 노동은 우리가 오늘날 알고 있는 잣대로는 더 이상 인식할 수 없을지도 모른다. 그것은 우리가 현재 그것을 이해하려고 사용하는 개념들로는 파악이 안 될 수 있다.

개념 노동

약 200년 전에 헤겔(1807/1970, 65)은 개념도 노동을 한다는 것, 특히 개념을 통해 파악되어야 하는 것을 가지고 노동한다는 사실에 주목

* 어떤 문제의 해결을 위해 컴퓨터가 사용할 수 있는 정확한 방법을 말한다.

했다. 개념은 '파악하는' 것을 변화시키는데, 이것은 개념적으로 파악하려는 노력 속에서 이루어진다. 동시에 개념은 개념화하려는 노력 속에서 개념적으로 아직 파악되지 않은 것에 대해 관심을 둔다. 따라서 개념은 스스로 발전하는 과정적 자료라고 말할 수 있다. 그리고 이것은 노동 개념에도 해당된다.

이에 관한 예로는 *자본주의*라는 개념이 있다. 이것은 현재 존재하는 생산양식을 적절하게 지칭하는 것으로서 우리들에게 익숙하고 또 일하는 많은 사람들에게도 감성적으로 다가오는 개념이다.

자본주의라는 개념은 머리를 뜻하는 라틴어의 caput에서 유래한다. 이것은 원래 키우는 짐승들의 머리 수를 의미하며, 짐승들에서 얻는 이득—즉 새끼 수의 증가—을 계산하기 위해 생겨난 것이다. 이러한 의미에서 자본은 짐승을 키우는 목동들의 소유상태를 나타내는 것으로 이것은 이후 얼마나 많은 짐승들을 추가적으로 사육할 수 있는가의 전제조건이 된다. 근대적 의미에서 자본은 일반적으로 이전 노동의 성과물 중에 소비되지 않은 것, 즉 계속해서 새로이 생산적으로,—자본을 산출하기 위한—시간적으로 뒤따르는 노동들이 이용하는 것이다. 그러므로 자본은 현재 진행되고 있는 노동의 *전제조건*으로서 이전 노동에 의해 산출된 것이다. 자본주의라는 개념은 본질적으로 하나의 생산양식을 의미하는데, 이 생산양식은 근본적으로 *과거에* 얻은 잉여생산물에 기반을 두고 있다는 점에서 이전 시대의 노동 형태들—예를 들어 생활필수품을 얻기 위한 경제—과 구분된다. 바로 이런 의미에서 자본주의는 먼저 산출된 것, 즉 *과거*를 지향하는 생산양식이다.

하지만 현 시대 노동의 본질적 특징은 그것과 관련된 행위들이 더욱 더 큰 규모로 *미래*를 지향한다는 사실에 있는 것 같다. 현재 이에 아주 적합한 예는, 전 세계적으로 연결되어 있고 일부 매우 투기적 성격을 지닌 금융제도이다. 이것은 무엇보다 미래의 변화 그리고 그에 따른 '돈 걸기'에서 이득을 볼 수 있다는 기대에 의해 작동한다. 이 제도가 특히 인상적인 것은 그러한 '내기'에서 지고 그 결과 연쇄적으로 서로 연결된 재산들이 사라질 경우인데, 그런 일은 계속 반복되고 있다. 금융경제의 투기적 사업에서는 실제 자본을 반드시 보유할 필요는 없다는 사실, 즉 선물투자, 파생상품, 크레딧 스와프credit swaps 그리고 기타 유사한 금융수단들을 운용하는 데 있어서는 행위자들 상호 간의 기대연결망만으로도 가능하다는 사실은 항상 지적되어왔다. 그럼에도 불구하고 사회는 지금까지 한 목소리로 이를 *금융자본주의*라 말하고 있다.

한편 우리의 미래에 점점 더 중요해지는 것의 대표적 사례로는 우리가 인생의 점점 더 많은 기간을 노동을 준비하는 데, 즉 노동력 자질, 노하우의 습득, 교육에 투자한다는 사실이다. 앞에서 말했듯이 중요한 노동생산물의 생산자와 소비자가 동일했던, 생활필수품을 얻기 위한 과거의 경제에서 교육은 매우 주변적 역할에 머물렀다. 물론 노동을 준비하는 놀이—즉 그것을 통해 특정한 기술과 자질을 습득하지만, 그로 인해 기대되는 생산성의 증가는 나중의 생애단계에서 현실화될 때까지 기다릴 수밖에 없었다—는 유인원 단계를 벗어난 원시시대에도 이미 광범위하게 존재했었다. 수렵사회, 채집사회에 관한 인류학적 연구들은, 과거 사회에서 *일정 기간을 거쳐야만 성인이 될 수 있도록 한 것*은 수명의 연장, 대뇌피질의 증가와 함께 비교적 좁은 사냥, 채집 지역에 대한 진화적 대응으로 해석될 수 있으며, 이러한 현상은 사냥사회에 전형적으로 나타난다는 것을 보여주고 있다. 어린이와 청소년 들은 직접 생산을 하지 않기 때문에, 즉 사냥, 채집 지역에서 생산을 할 경우 발생할 수 있는 위험에 노출되지 않기 때문에, *배움*이 가능해지게 된다. 다시 말해 *기술*, 자질, 경험을 축적할 수 있고 이를 통해 청소년기의 '비생산성' 단계에서의 투자는 나중의 향상된 생산성, 즉 *지연된* 생산성을 통해 다시 회수할 수 있게 된다.(퓔사크 2008, 167 이하)

따라서 일단 미래로 지연된 생산성에 대한 기대, 즉 나중의 노동생활 속에서 더 높은 생산성을 달성할 수 있다는 기대는 인간 노동의 초기부터 각인되어 있었다. 하지만 앞에서 말했듯이 공업노동이 등장하고 나서야 교육과 노동이 독립적 영역으로 분화되기 시작했고, 이것들은 오늘날 완전히 '자립화되었다'. 교육, 즉 미래에 대한 기대는 점점 더 많은 일하는 사람들에게 무시할 수 없는 것이 되었다. 이와 관련하여 전 세계적 차원에서 선구자적 역할을 한 것은 통일된 의무교육제도를 도입한 18세기 유럽 사회였다. 이제 교육은 공업노동의 본질적 조건이 되었고 기업가들도—당장 동의하진 않았지만 결국 불가피하다고 생각하면서—이를 생산과정에 대한 투자로 인식하고, 노동생산성을 전반적으로 유지하기 위해서 고려해야만 할 비용으로 간주하게 되었다. 특히 개리 베커(1964)가 내

세운 인적 자본human capital 이론은 이에 대한 좋은 예이다. 이 이론이 확산되면서 미래의 중요성에 대한 관심도 증가하였다. 그런데 세계화와 노동의 불안정화라는 조건하에서 발생하는 현 노동시장의 문제들은 새로운 과제를 던지고 있다. 현 시대의 사회에서 교육은 교육으로 인해 가능해지고 효율화될 수 있는 노동의 수준을 넘어서기 시작하였다. '평생 학습'과 같은 개념들 그리고 많은 곳에서 이미 계속해서 이루어지고 있는, 낮은 취업 가능성을 가진 사람들에 대한 재교육 같은 조치들은 이를 분명히 보여주고 있다. 지식사회의 발전에 관한 이론적, 경험적 연구들(특히 레이데스도르프 2006 참조)에 기초한 논의에서, 이러한 교육의 강조는 과거가 가지는 중요성은 오히려 축소하는 데 반해 미래가 가지는 중요성은 더욱 증가한다는 것을 의미한다.

그리고 이러한 인식의 전환은 세 번째 사례라고 할 수 있는, 실제로 매우 중요한 생태문제를 둘러싼 토론에서도 드러난다. 환경문제, 지속가능성, 풋 프린트foot print* 그리고 우리 손자들의 운명에 관한 논의는 우리의 생존과 노동에 있어서 미래가 가지는 중요성이 그 어느 것보다 크다는 것을 잘 보여주고 있다. 자본주의 개념은 그것이 가지는 과거지향성 그리고 이데올로기적 과부하로 인해 이러한 과제를 해결하는 데 적절하지 못하다. 헤겔이 주장했던, 개념도 노동을 한다는 사실을 감안할 때, 우리 노동에 대한 개념적 이해를 역사적으로 조망하는 시도가 계속 이루어진다면, 결국 미래

* 탄소발자국, 물발자국처럼 현대인이 생활하면서 환경에 부담을 얼마나 주는지를 보여주는 배출량 또는 소비량을 의미한다.

에 중요한 노동양식과 생산양식에 적합한 새로운 개념들도 준비 될 수 있을 것이라는 추측도 가능하다.

참고 문헌

Abendroth, Wolfgang (아벤트로트) (1965): Sozialgeschichte der europäischen Arbeiterbewegung. (『유럽 노동운동의 사회사』) Frankfurt am Main: Suhrkamp.

Alber, Jens (알버) (1982): Vom Armenhaus zum Wohlfahrtsstaat. (『구빈원에서 복지국가로』) Frankfurt am Main: Campus.

Arendt, Hannah (아렌트) (1958/2002): Vita activa oder vom tätigen Leben. (『Vita activa 또는 활동적 삶에 대하여』) München: Piper.

Aristoteles (아리스토텔레스) (기원전 350년경/1968): Politik. (『정치학』) Reinbek bei Hamburg: Rowohlt.

__ (기원전 350년경/1970): Metaphysik. (『형이상학』) (Hg. u. übers. v. Franz Schwarz). Stuttgart: Reclam.

Baecker, Dirk (베커) (2003): Organisation und Management. (『조직과 경영』) Frankfurt am Main: Suhrkamp.

Beck, Ulrich (벡) (1997): Was ist Globalisierung? (『세계화란 무엇인가?』) Frankfurt am Main: Suhrkamp.

Becker, Gary S. (베커) (1964): Human Capital. A Theoretical and Empirical Analysis with special Reference to Education. (『인적 자본. 교육을 중심으로 한 이론적, 경험적 분석』) New York/London: Columbia University Press.

Bell, Daniel (벨) (1973): The Coming of Post-Industrial Society. A Venture in Social Forecasting. (『탈산업사회의 도래. 과감한 사회적 예언』) New York: Basic Books.

Braudel, Fernand (브로델) (1985): Sozialgeschichte des 15.-18. Jahrhunderts. Der Alltag. (『15-18세기의 사회사. 일상생활』) München: Kindler.

Braverman, Harry (브레이버만) (1974): Labor and Monopoly Capital. The Degradation of Work in the Twentieth Century. (『노동과 독점자본. 20세기 노동의 하락』) New York: Monthly Review Press.

Brunner, Otto (브루너) (1980): Das "ganze Haus" und die alteuropäische "Ökonomik". (「'총체적 집'과 고대 유럽의 '가정경제'」) In: ders.: Neue Wege der Verfassungs- und Sozialgeschichte. (『헌법사와 사회사의 새로운 길』) 3. Aufl. (3판) Göttingen: Vandenhoeck & Ruprecht, 103-127.

Carlyle, Thomas (칼라일) (1866/1936): Arbeiten und nicht verzweifeln. (「노동하라 그리고 회의하지 말라」) Auszüge aus seinen Werken. (『칼라일 저작 선집』) Königstein: Langewiesche.

Childe, Gordon (차일드) (1936/1983): Man Makes Himself. (『인간은 스스로를 만든다』) London: Plume.

Cicero, Marcus Tullius (키케로) (기원전 44년경/2001): De officiis. (『의무론』) Düsseldorf: Verlag Wirtschaft und Finanzen.

Durkheim, Émile (뒤르켐) (1893/1988): Über soziale Arbeitsteilung. Studie über die Organisation höherer Gesellschaften. (『노동분업에 관하여. 발전된 사회의 조직화에 관한 연구』) 2. Aufl. (2판) Frankfurt am Main: Suhrkamp.

Elwert, Georg (엘베르트) (2000): Jede Arbeit hat ihr Alter. Arbeit in einer afrikanischen Gesellschaft: (「모든 노동에는 적합한 나이가 있다. 어떤 아프리카 사회의 노동」) In: Geschichte und Zukunft der Arbeit. (『노동의 역사와 미래』) Hg. v. Jürgen Kocka u. Claus Offe, Frankfurt am Main/New York: Campus. 175-193.

Engels, Friedrich (엥겔스) (1845/1968): Die Lage der arbeitenden Klasse in England. (「영국 노동자계급의 상태」) In: Marx-Engels-Werke Bd. 2. (『마르크스-엥겔스 전집 2권』) Berlin (Ost): Dietz.

Firth, Raymond (퍼스) (1939): Primitive Polynesian Economy. (『원시 폴리네시아 경제』) London: Routledge.

Fourastié, Jean (푸라스티에) (1954): Die groβe Hoffnung des 20. Jahrhunderts. (『20세기의 위대한 희망』) Köln-Deutz: Bund.

Füllsack, Manfred (퓔사크) (2002): Leben ohne zu arbeiten? Zur Sozialtheorie des Grundeinkommens. (『일하지 않고 살아가기? 기본소득의 사회이론에 대하여』) Berlin: Avinus.

__ (2006): Zuviel Wissen? Zur Wertschätzung von Wissen und Arbeit in der Moderne. (『너무나 많은 지식? 현대의 지식과 노동에 대한 평가』) Berlin: Avinus.

__ (Hg.) (2008): Verwerfungen moderner Arbeit. Zum Formwandel des Produktiven. (『근대 노동의 포기. 생산적인 것의 형태 변화에 대하여』) Bielefeld: Transcript.

Geremek, Bronisław (게레메크) (1997): Poverty. A History. (『가난. 하나의 역사』) Oxford/Cambridge MA: Blackwell.

Gottschall, Karin (고트샬) (2000): Soziale Ungleichheit und Geschlecht. (『사회적 불평등과 성』) Opladen: Leske & Budrich.

Gurven, Michael/ Kaplan, Hillard/ Gutierrez, Maguin (거번/카플란/구티에레스) (2006): How long does it take to become a proficient hunter? Implications for the evolution of extended development and long life span. (「유능한 사냥꾼이 되려면 얼마나 걸리나? 지속적 발전과 평균수명 연장에 관한 함의」) In: Journal of Human Evolution 51/2006. 454-470.

Hegel, Georg Wilhelm Friedrich (헤겔) (1807/1970): Phänomenologie des

Geistes. (『정신현상학』) Frankfurt am Main: Suhrkamp.

Kern, Horst/Schumann, Michael (케른/슈만) (1984): Das Ende der Arbeitsteilung? (『노동분업의 종말?』) München: Beck.

Keynes, John Maynard (케인스) (1930/2007): Wirtschaftlichen Möglichkeiten für unserer Enkelkinder, (「우리 손자 시대의 경제적 발전 가능성」) in: konomik der langen Frist. (『장기적 관점에서 본 경제』) Hg. von Norbert Reuter. Marburg: Metropolis, 135-148.

Kracauer, Siegfried (크라카우어) (1929/1971): Die Angestellten. Aus dem neuesten Deutschland. (『사무직. 최근 독일에서』) Frankfurt am Main: Suhrkamp.

Kurzweil, Raymond (커즈와일) (2005): The Singularity Is Near: When Humans Transcend Biology. (『단일성이 도래한다: 인류가 생물학적 한계를 넘어서는 시대』) Viking Books.

Leroi-Gourhan, André (르루아-구랑) (1964/1988): Hand und Wort. Die Evolution von Technik, Sprache und Kunst. (『손과 말. 기술, 언어 그리고 예술의 진화』) Frankfurt am Main: Suhrkamp.

Lessenich, Stephan (레세니히) (2008): Die Neuerfindung des Sozialen. Der Sozialstaat im flexiblen Kapitalismus. (『사회적인 것의 새로운 발견. 유연한 자본주의에서의 복지국가』) Bielefeld: Transcript.

Leydesdorff, Loet (레이데스도르프) (2006): The Knowledge-Based Economy: Modeled, Measured, Simulated. (『지식기반 경제: 모델, 측정, 시뮬레이션』) Boca Raton, FL: Universal Publishers.

Locke, John (로크) (1690/1977): Zwei Abhandlungen über die Regierung (『정부에 관한 두 개의 고찰』): Hg. und eingeleitet von Walter Euchner. Frankfurt am Main: Suhrkamp.

Luhmann, Niklas (루만) (1997): Die Gesellschaft der Gesellschaft. (『사회의 사회』) Frankfurt am Main: Suhrkamp.

Malinowski, Bronislaw (말리노프스키) (1922/1984): Argonauts of the Western Pacific. An Account of Native Enterprise and Adventure in the Archipelagoes of Melanesian New Guinea. (『서태평양의 항해자들. 멜라네시아 뉴기니 군도 원주민들의 교역과 경험에 관한 설명』) Prospect Heights, Ill.: Waveland Press.

Marx, Karl (마르크스) (1863/1968): Theorien über den Mehrwert (『잉여가치 학설사』) In: Marx-Engels-Werke Bd. 26.1. (『마르크스-엥겔스 전집 26.1권』) Berlin (Ost): Dietz.

__ (1867/1968): Das Kapital. Kritik der politischen Ökonomie. Bd. 1 Der Produktionsprozess des Kapitals. (『자본론. 정치경제학 비판. 제1권. 자본의 생산과정』) In: Marx-Engels-Werke Bd. 23. (『마르크스-엥겔스 전집 23권』)

Berlin (Ost): Dietz.
__ (1895/1968): Das Kapital. Bd. III. Der Gesamtprozess der kapitalistischen Produktion (『자본론. 제3권. 자본주의 생산의 총과정』) In: Marx-Engels-Werke Bd. 25. (『마르크스-엥겔스 전집 25권』) Berlin (Ost): Dietz.

Matthes, Joachim (마테스) (Hg.) (1983): Krise der Arbeitsgesellschaft? (「노동사회의 위기?」) Verhandlungen des 21. Deutschen Soziologentages in Bamberg 1982. (『독일 사회학 학술대회 자료집. 1982년 밤베르크』) Frankfurt am Main: Campus.

Mauss, Marcel (모스) (1923-24/1990): Die Gabe. Form und Funktion des Austauschs in archaischen Gesellschaften. (『선물. 원시사회에서의 교환의 형태와 기능』) Frankfurt am Main: Suhrkamp.

Merton, Robert K. (머튼) (1964): Social Theory and Social Structure. (『사회이론과 사회구조』) Glencoe, Illinois: The Free Press.

Mironov, Boris N. (미로노프) (1999): Social'naja istorija Rossii perioda imperii (XVIII- nacalo XX v.) (『러시아 제국시대의 사회사 (18세기부터 20세기 초까지)』) Tom 2, S.-Peterburg.

Nagel, Bernhard (나겔) (2006): Die Eigenarbeit der Zisterzienser. Von der re1igiÖsen Askese zur wirtschaftlichen Effizienz. (『시토 수도회의 내부노동. 종교적 금욕에서 경제적 효율성으로』) Marburg: Metropolis.

Oexle, Otto Gerhard (웩슬레) (2000): Arbeit, Armut, 'Stand' im Mittelalter. (「중세시대의 노동, 빈곤, '신분'」) In: Geschichte und Zukunft der Arbeit. (『노동의 역사와 미래』) Hg. von Jürgen Kocka und Claus Offe, Frankfurt am Main/New York: Campus, S. 67-79.

Ovid (오비디우스) (5/1994년경): Metamorphosen (『변신 이야기』), übers. u. hg. v. Michael von Albrecht, Stuttgart: Reclam.

Platon (플라톤) (기원전 370년경/1994): Politeia. (『국가』) In: ders: Sämtliche Werke. Bd. 2. (전집 2권) Reinbek: Rowohlt.

Ritter, Gerhard A. (리터) (1989): Der Sozialstaat. Entstehung und Entwicklung im internationalen Vergleich. (『복지국가. 국제비교를 통해 본 형성과 발전』) München: Oldenbourg.

Rohl, David (롤) (1998): Legend. The Genesis of Civilisation. (『전설. 문명의 발생』) London: Random House.

Sahlins, Marshall (살린스) (1974): Stone Age Economics. (『석기시대의 경제』) London: Tavistock.

Smith, Adam (스미스) (1776/1937): An Inquiry into the Nature and Causes of the Wealth of Nations. (『국부론: 국부의 본성과 원인에 관한 연구』) New York: Random House.

Sombart, Werner (좀바르트) (1916-27/1987): Der moderne Kapitalismus. Historisch-systematische Darstellung des gesamteuropäischen Wirtschaftslebens von seinen Anfängen bis zur Gegenwart. 3 Bände. (『현대자본주의. 전유럽 경제생활에 관한 역사적-체계적 설명. 시초부터 현재까지』. 총 3권) München: dtv.

Stanford, Craig G. (스탠퍼드) (1999): The Hunting Apes: Meat Eating and the Origins of Human Behavior. (『사냥하는 유인원: 육식 그리고 인간 행동의 기원』) Princeton: Princeton University Press.

Studenski, Paul (스투덴스키) (1958): The Income of Nations. Theory, Measurement, and Analysis: Past and Present. (『국가의 소득, 측정과 분석: 과거와 현재』) New York: New York University Press.

Taylor, Frederick W. (테일러) (1911/1967): The Principles of Scientific Management. (『과학적 경영의 원리』) New York: Harper.

Tocqueville, Alexis de (토크빌) (1835/2008): Das Elend der Armut. Über den Pauperismus. (『빈곤의 비참함. 천민에 관하여』) (hg. von Manfred Füllsack, Michael Tillmann u. Thomas Weber). Berlin: Avinis.

Udy, Stanley H. (우디) (1970): Work in Traditional and Modern Society. (『전통사회와 현대사회에서의 노동』) Englewood Cliffs. NJ : Prentice Hall.

Vobruba, Georg (포브루바) (1997): Autonomiegewinne. (『자율성의 이득』) Wien: Passagen.

__ (2006): Entkoppelung von Arbeit und Einkommen. Das Grundeinkommen in der Arbeitsgesellschaft. (『노동과 소득의 분리. 노동사회에서의 기본소득』) Wiesbaden: VS.

Weber, Max (베버) (1920/1978): Gesammelte Aufsätze zur Religionssoziologie. (『종교사회학 논문집』) 3 Bde. (총 3권) Tübingen: Mohr Siebeck.

Wells, Spencer (웰스) (2002): The Journey of Man: A Genetic Odyssey. (『인류의 여행: 발생학적 여정』) Princeton: Princeton University Press.

Willke, Gerhard (빌케) (1999): Die Zukunft unserer Arbeit. (『우리 노동의 미래』) Frankfurt am Main/New York: Campus.

Xenophon (크세노폰) (기원전 380년경/1965): Oikonomikos: Die Hauswirtschaftslehre. (「가정경제론」) In ders. : Die sokratischen Schriften. (『소크라테스에 관한 저술』) Übertragen u. hg. v. Ernst Bux. Stuttgart: Kröner. 235-302.

인명 색인

ㅌ

ㅍ

ㅎ